知乎
有问题 就会有答案

知乎 BOOK

我想谈恋爱

科学脱单指南

叶壮 —— 著

民主与建设出版社
·北京·

©民主与建设出版社，2022

图书在版编目（CIP）数据

我想谈恋爱：科学脱单指南/叶壮著.—北京：民主与建设出版社，2021.5（2022.3重印）
　ISBN 978-7-5139-3457-2

　Ⅰ.①我… Ⅱ.①叶… Ⅲ.①恋爱—通俗读物 Ⅳ.①C913.1-49

中国版本图书馆CIP数据核字（2021）第056592号

我想谈恋爱：科学脱单指南
WO XIANG TAN LIAN'AI: KEXUE TUODAN ZHINAN

著　　者	叶　壮
责任编辑	程　旭
出品方	知乎BOOK
监　　制	张　娴　魏　丹
策划编辑	雷清清
责任校对	王苏苏
营销编辑	沈晓雯
封面设计	Yang
内文插画	Robin_彬仔
出版发行	民主与建设出版社有限责任公司
电　　话	（010）59417747　59419778
社　　址	北京市海淀区西三环中路10号望海楼E座7层
邮　　编	100142
印　　刷	三河市兴博印务有限公司
版　　次	2021年5月第1版
印　　次	2022年3月第2次印刷
开　　本	787毫米×1092毫米　1/32
印　　张	7
字　　数	110千字
书　　号	ISBN 978-7-5139-3457-2
定　　价	58.00元

注：如有印、装质量问题，请与出版社联系。

目录
Contents

前 言 / 001

Chapter 1

做好准备：
打造个人吸引力

入口场景：找到自己的"恋爱主场" / 002

相貌偏好：颜值不高也能魅力一百分 / 012

优势人格："靠谱"才是恋爱王牌 / 019

酒瓶底子效应：酒吧夜场，究竟能否邂逅爱情？ / 029

Chapter 2

高情商沟通：
约会的正确打开方式

关系纵深：为什么相亲会尴尬？ / 038

爱情生理学："来电"是一种什么体验？ / 047

情感归因：设计你的"一见钟情" / 055

爱情三角：什么才算"对的人"？　/ 064
话轮技术：让话题自己转起来　/ 071
资产主观评估：有趣才是最重要的"资产"　/ 080
社会交换：斩断不切实际的单相思　/ 088
巴纳姆效应：算命的说我俩不配，怎么办？　/ 098

Chapter 3

见招拆招：磨合期的小矛盾

相似性原则：要相似还是要互补？　/ 108
友谊天花板：我拿你当兄弟，你却想追求我？　/ 116
高情商表达：不做"烂桃花"收割机　/ 124
磨合管理：剿灭破坏初期关系的"恶魔"　/ 135
矛盾处理：让分歧变得更有价值　/ 143
舆论压力：你的爱情你做主　/ 151
领地意识：如何应对吃醋与竞争　/ 161
行为同步：应对异地的好手段　/ 170

Chapter 9

胜利的凯歌：
表白注意事项

关系评估：何时表白，真是个问题！ / 176

表白技术：避免功亏一篑的注意事项 / 185

走出舒适区：是时候开始一段长期

  稳定的亲密关系了 / 193

写在最后 / 205

前　言

脱单很难搞？恋爱有诀窍！

很多"单身贵族"为了摆脱单身，找到另一半，可谓无所不用其极。总的来说，方式无非两种：一种靠死缠烂打，一种靠算计套路。

什么叫死缠烂打呢？就是觉得男生追姑娘，要靠软磨硬泡、甜言蜜语，今天请客吃个饭，明天给买支好口红；那女孩跟男孩相处呢，就是要温柔甜蜜、浪漫满屋，要亲手给他做饭，还要关心他的事业——的确，这些场景都能制造幸福中的小确幸，但爱情不是方便面，靠泡就能成功。今天的爱情不是西天取经，靠精诚所至，就能金石为开。

至于算计套路，就走上了另一种极端，一如今天所流行的"恋爱套路学"——怎么假意奉承，怎么欲拒还迎，怎么请君入瓮。爱情没了真诚的基础，反而变成了算计与反算计之间的博弈挣扎。真情实感少，花花肠子多。

其实，这两种理念都不对，一个错在抱残守缺，一个错在三观不正。

真正靠谱与严肃靠谱的恋情，往往是三样东西的组合：真情实感，承诺与责任心以及高质量的交流互动。

这里面的第一点无法自控——人很难说爱就爱，也很难说不爱就不爱，更难的是明明不爱，非要勉强去爱；第二点在于个人觉悟，是经年累月的塑造，要改起来也不容易。坦诚地讲，这不是靠一本书就能解决的问题。

而且，如果只靠这两点，你也许能搞定你喜欢的人的妈妈，却不一定能搞定你喜欢的人。

我的一个朋友，人很老实，长相中上，对之前心仪过的某女孩那叫一片真心，自己没有任何不良嗜好，家里也不缺钱，小伙子还特上进，可以说是任何老太太都看得上的女婿。但是，我这朋友实在太"闷"，对女孩子只会闷头一心好，没有什么交流和表达。

他满心认为"啥事都要看行动，漂亮话说得再多也没用。我对你这么好，你只要不傻，那就应该珍惜我"。可人家姑娘不这么想——"一大活人，还没智能音箱健谈呢，以后怎么过日子？共同语言何来？生活情趣哪儿找？"

生活可不只是柴米油盐酱醋茶，人是社会化的动物，情感和交流是刚需。我那朋友空有征服丈母娘的条件，却没有征服女朋友的本领，岂不可惜？

所以这第三点，"高质量的交流互动"，既是今天想谈恋爱的人的稀缺资源，也是可以直观使用的高效工具。这是这本书的主体内容。

可能有的人会说，这不就是俗称的 PUA（Pick-up Artist，搭讪艺术家）吗？

我觉得不然，PUA 的核心在于控制，以至于套路感满满，甚至在道德伦理上也有瑕疵，这也是 PUA 饱受诟病的原因。而高质量的交流互动的核心，在于让双方都能舒服而高效地就彼此间的关系达成共识。

通过交流，你可以快速定位自己的恋爱人选，更好地展现自己的恋爱优势，带领双方进入开心的畅聊模式，甚至能很快地在彼此身上找到心有灵犀的感觉。在整个过程中，你们都是真诚且开心的，爱情也就有了一个健康的开始。当然，你也可能会碰到这样的情况：你发现自己并不那么喜欢对方，对方似乎的确也对你没什么兴趣——那就别谈了呗，大家都是成年人，何必浪费时间呢？退一步讲，这也算是省下了时间成本、机会成本和潜在的沉没成本，同样是好事。

如何开心且高效地找到属于自己的恋情？这就是我们在本书中想解决的问题。看过目录你就会发现，从定位潜在人选，到最终捅破窗户纸的表白，方法层面上涉及的东西很多，它的主心骨其实很固定，那就是对于关系的经营手段。

这本书就是要从四个由浅入深的普遍问题，教会你怎么经营爱情的初级阶段。

第一类问题，是自我认知。

兵马未动，粮草先行。谈恋爱之前先认清自己，是必要的准备工作。这么做有两个意义，一个是"知己知彼，百战不殆"的情报意义，一个是"打铁还需自身硬"的战略意义。我们在投身恋爱之前，一定先要明白自己的优势在哪儿，短板在哪儿，哪里需要多调整，哪里需要多表现。

第二类问题，是如何在茫茫人海中定位靠谱的恋爱对象。

全中国将近十四亿人，咱就算对半开，也是七亿男的、七亿女的，在这么大的潜在人群里找恋人，先别奢望找到"最适合你的另一半"，说实话，不碰上烂桃花都不容易。如何培养出找到靠谱对象的火眼金睛，也是核心能力。

第三类问题，是如何通过和谐的交流，和那个他/她由浅入深地培养感情。

"尬聊"的问题已经越来越普遍，甚至"好好说话"变成了一种稀缺能力，你可能就碰见过这种情况：原本挺合适的两人，话赶话地一聊，结果就没了下文。爱情的火花本来就宝贵，而火种的延续更是需要呵护。火需要燃料和氧气，爱需要情感底蕴与沟通技术。

至于第四类问题，是怎样做好临门一脚——表白成功，虽然今年咱过的是光棍节，但明年咱争取就能改成过情人节。

行百里者半九十，最后一哆嗦，直接关系到能不能修成正果。表白约等于毕业答辩、求职终面、考驾照的科目三，它可能短暂，但值得重视。

这些问题合起来，说的其实都是一个事：好好经营你爱情的萌芽。

好的爱情跟好的企业一样，都得靠"经营"。从头开始恋爱，跟白手起家开公司，其实差不了多少——为什么这么说以及经营所依托的究竟又是什么呢？

经营靠资本。时间的投入、金钱的投入、情感的投入、精力的投入，这都是资本。而这本书的目的所向，就是帮你打理好这些资本。

那你的手上，都有什么牌呢？无非是四种。

第一类资本，叫个体的外在资本。你的学历、长相、收入，等等，俱归此类。

第二类资本，叫个体的内在资本。你的脾气秉性怎么样？你的审美情趣如何？你的三观"奇葩"不"奇葩"？这都是第二类资本。

同时，谈恋爱是两个人的事，一个人谈不了，所以另外两类资本就涉及"相处"。

第三类资本，叫伴侣的外在资本，指的是你与对方的共同经历。

而第四类资本，叫伴侣的内在资本，指的是你们有没有匹配的三观，存在不存在"心有灵犀"的交流基础以及有没有通过长期相处培养出的相似性与熟悉感。

这四类资本的运营方法论，就是全书的主体了。

很多人谈恋爱谈不明白，要么是觉得没人可追，要么每次都是相亲失败，要么就是没法跟他人培养与发展长期爱情。说白了，都是资本运营不善的问题。很多时候，他们并不知道，自己除了第一类硬资本之外，还有其他三种需要经营的软资本。

我会利用社会心理学、发展心理学的靠谱研究成果，帮你解析这些资本，再帮你定位你的优势和短板，当然，最重要的是为你提供建议和解决问题的方法论，帮助你实现爱情的从 0 到 1。

最后，我还想多絮叨几句。

梳理与准备全书内容的时候，我一直秉承着这样的价值观：你需要的是靠谱的恋人，而不是伟大的爱情。这里的伟大爱情，指的是小说、电视剧里的那种轰轰烈烈、缠绵悱恻的爱情。你要知道，你要是用电视剧里的方式谈恋爱，那不是把对方逼走，就是把自己逼疯。

那么，说到底，今天的人到底应该怎样做，才能收获美好爱情呢？

我想，还是要靠打好自己手上的牌。有的人，一手烂牌也能打出水平；还有的人，空有一手好牌，却打得稀烂。对当前亟待脱单的很多人来说，玩转资本的能力，其实比你有多少资本更重要。希望这样的观点能够得到来自你的共识。

让我们做好准备，开始脱单。

Chapter 1

做好准备：
打造个人吸引力

如果你觉得自己是个情绪不稳定的人，身上常备几颗糖，难过了吃一颗，伤心了吃一颗，生气了吃一颗，给双方空出吃一颗糖的冷静时间，更有助于爱情甜甜蜜蜜。

入口场景:
找到自己的"恋爱主场"

说到"脱单",我就想起了那首广为流传的《单身狗之歌》:

两个黄鹂鸣翠柳,你还没有女朋友;

雌雄双兔傍地走,你还没有男朋友。

别人成双成对,你形单影只,连对象都不知道在哪里,该怎么脱单呢?

为了把咱这本书写好,我已经跟不少急于脱单的朋友聊过。他们当中有从生下来就一直单身的,有被旧爱伤得太深的,有谁也看不上的,有觉得谁都看不上自己的:形形色色,多种多样。

我一提到"脱单方法论",他们中的很多人都给我提出了同一个问题。"我觉得你这个内容,有点像屠龙术。纵然你讲了一大堆恋爱技巧、实操方法、科学知识,可我现在用在谁身上呢？巧妇难为无米之炊，就算听了课，我也遇不见那个人啊！"

没错！想脱单，首先得有个对象。换句话说，在"爱上"之前，肯定有一个前置条件，那就是"遇见"。为了帮你"遇见"，我想先和大家聊一聊"圈子"这个话题。

爱情始于圈子。

首先，请你树立第一个认知，叫作"绝大多数爱情始于同一圈子中的交集"。

这句话有两个关键词，一个是"同圈"，另一个是"交集"。"同圈"，顾名思义，你们得在同一个三维空间里；"交集"，就是人群中的回眸一笑、秋波不断电光闪闪的对视、相见恨晚的侃侃而谈：只是因为在人群中多看了你一眼，从此开始对你的思念。

为什么在北上广深谈恋爱，比在十八线小县城找对象要难？为什么中学生早恋现象特别普遍，走进社会，找个暧昧对象都难上加难？因为在十八线小县城，在学生时代，有着共同的人际关系特征：圈子小，交集深。小圈子内的深交集，最容易迸发深厚的友谊和坚定的爱情。

很多人误以为，自己单身是因为"认识的人不够多"。其实谈恋爱，并不一定要跟逛购物网站一样有那么多备选项。

找不到对象，问题不在于认识的人太少，而在于处于同一个圈子并且深入交流的人太少。

每个人都有好几个圈子。你爱好健身，就有个健身圈；你喜欢美食，就在吃货圈；你喜欢开黑打手游，身边就围着一堆战友。你可能在多个圈子中找到爱情的种子，但并不是每粒种子都能长成大树。所以，你要学会的是，如何挑出能找到爱情种子的重点圈子，挖坑浇水，让其长出爱情的新芽。

在这里，我们根据你与他人交流和熟悉的程度，将圈子里的人划分为两拨。

一拨人叫"熟人交互"。你们彼此之间知根知底。例如在职场圈，你总有几个关系比较要好的同事，经常一起吃饭逛街聊八卦。另一拨人叫"准熟人交互"。同样是职场圈，你和上司的交流可能仅限于工作分配和交付。出了办公室，就是点头之交的半个陌生人。如果在一个圈子里，你们只是见面打招呼的泛泛之交，谈什么爱情火花？难道你想全靠一个眼神来传递你内心的火热吗？

因此，你的任务就是寻找契机，与他人从"准熟人交互"的状态，跳转到"熟人交互"。这样，才会有更高概率迸发出爱情的火花。

我跟我老婆当年的爱情小火苗，就是这样点燃的。

当时我们供职于同一家公司。我做项目拓展与跟进，她负责项目的支撑。单论职位，她还比我高一格。刚开始，我们的交流仅限于工作：我提需求，她交付内容。一来二去，在工作上磨合出了一点默契。这个阶段，我们彼此还处于"准熟人交互"的状态。

从"准熟人交互"过渡到"熟人交互"，有两个契机。

一个是我俩共同主持公司年会。为了准备串词，我们提前两三天到了年会现场。放下平日的工作，我们交流了很多平时在工作上不聊的话题，成了好朋友。

还有一个就是她升职加薪，正式来了北京总公司报到。我自告奋勇，帮她在北京找房租房，采购搬腾家具。

万幸当时我找房子特别尽心尽力。过了不到一年，我也搬进了那个房子里。

这就是圈子的正确打开方式：你没有恋爱的萌芽，不是因为你圈子窄，也不是因为你圈子少，而是因为你在圈子里太就事论事了。

人们只在表象上看到同学容易恋爱，同事容易结婚，同好容易在一起——可这背后的原因是什么呢？那是因为爱情往往是圈子的副产品。在一个圈子中拓宽交流的主题，才更有可能孕育出爱情来。

意识到了这一点，接下来我们谈谈怎么良好地利用圈子，才能实操恋爱知识与技巧。

首先，我们需要找到有助于你发现爱情种子并且能提供爱情土壤的圈子，也就是所谓的"重点圈子"。

什么样的圈子算"重点圈子"呢？普尔研究中心的高级研究员玛丽·麦登（Mary Madden）和阿曼达·兰哈特（Amanda Lenhart），针对"约会"进行了十年的跟踪研究。

研究证明，情侣中有 38% 曾是同学、同事，或者在学业或事业上有交集；有 34% 通过家人或者朋友组织的活动认识；还有 13% 是在俱乐部、博物馆、咖啡厅、剧场萌生好感的。尤其值得一提的是，通过网上互动促成的情侣，预计占比已超过一成。看见没有？这些场合更容易找到"重点圈子"，更容易萌发爱情。

其次，你需要找个送助攻的人，俗称电灯泡。"一见钟情"的概率很低，人与人第一次见面，往往是你没看上我、我也没看上你。如果有个老同学、亲戚、发小连接你我，双方更容易互相青睐。

换句话讲，加入一个新圈子，总要有个引荐人。他对你的评价与态度，将成为其他人重要的参考标准。同时，他也能帮你良好破冰,让你跟其他人的交流变得自然顺畅。

再次,与圈子里的人互动时,你需要把握:什么情况下应该冷眼静看、按兵不动;什么情况下应该主动出击、先发制人。换句话说,与他人互动时,要选对合适的时机,也就是正确的互动场景。康涅狄格大学的心理学教授伯纳德·莫斯腾(Bolnard Murstein)认为,在正确的场景里跟圈子中的其他人互动,可以有效地让你把交互内容和深度向"熟人交互"的方向靠拢。

你要知道,绝大多数场景的根本目的,并不是促成男男女女们恋爱。例如我们在学校上自习,这个场景的目的是学习;在公司的会议室开会,这个场景是为了推进工作开展;参加圣诞派对,是为了庆祝圣诞新年,放松社交。如果你在圣诞派对上认识了一位异性,三言两语后发现相见恨晚,甚至有点激动,那你们很有可能就将展开浪漫之旅。

陌生人变成情侣,可能是某个场景的重复出现,或者一系列特定场景的组合出现,营造出的副产物。并不是所有场景都能让你有所收获的。你在公司的会议室里暗送秋波,很可能收获一堆白眼,当事人会觉得你有病。

因此,我们要学会区分什么样的场景适合发展"爱情副产物"。

莫斯腾教授将人跟人的交流场景分成两个类型：开放型场景（Open Fields）与闭合型场景（Closed Fields）。

开放型场景，指的是那些不需要特定交互就能完成根本任务的场景。 这样的场合不强调个体互动，人们挖掘潜在亲密关系的机会并不多。比如一起走在马路上，大操场上三三两两跑步，一群人一起做广播操。

在这些场合里，人们互不干涉，你我虽然同在一个时空，但并不存在什么沟通与发表见解的必要。男孩冲着操场里跑步的姑娘吹了个口哨，少有姑娘会还以一个好脸色——这不是个适合搭讪的场合。

闭合型场景就完全不同了。这样的场合如果没有深入交流与互动，就很难达成场合存在的终极目的。 比如读书分享会、面试、打麻将，在这些场合里，单方面的深度展示以及彼此间的深度探讨，就有了更好的氛围与更好的效果。

我们不妨拿打麻将来举个例子。该你出牌了，可你扭扭捏捏，这就会让早就决定要打哪张牌的下家非常焦虑——你要是不打，他就没法摸牌，这麻将就打不下去了——这就是典型的闭合型场景。"酒桌上好办事"也是同一个道理。敬酒这种事情，总要多方参与才玩得转。一旦大家必须要投入这种交流，自然而然地也就开始聊一些饭桌之外的东西，于是进一步加深了理解，培养了感情，甚至达到了一些功利化的目的。

有句话叫"上门修电脑，好人当到老"。我的一个朋友七八年前深受其害。他从上大学开始就给女生修电脑，很长一段时间内还误以为这是个天大的好事。可别说抱得美人归了，请他吃一顿饭的女生压根儿没几个，不少女生连口水都未必会给他倒。

我认为，并不是男生长得丑、女生不礼貌，真正的原因很简单：修电脑这个事吧，你修你的，女生就在旁边等着。你们一不用互动，二不用交流，纵然你们得以独处，可这是开放型场景，你们没法向"熟人交互"靠拢，更不要提培养超越圈子的交集了。

他跟我说，他也想跟女孩子聊天呀，可是一开口说什么硬件参数、平时用软件的好习惯以及怎样保护浏览器主页别被劫持，女孩子都接不了他的话茬儿，完全没法深入沟通。他只能埋头干活，早完事，早撤退。

等他倒完了苦水，我给了一条建议：如果真的想让关系更进一步，就琢磨一个跟电脑有关的、女孩子又能接上话的，还跟他们所在圈子没啥关系的话题，可能效果会好一些。

很快，他找到了谈资亮点：收纳。我这个朋友特别喜欢收纳电脑线路，俗称"走线"。不管是电源线、鼠标线、键盘线，还是显示器连接线，他都能给码放得整整齐齐。等女生再找他修电脑，他就随身带着理线带和插线板收纳盒：不仅把女孩子的电脑捯饬得非常利索，还能顺便跟人家聊聊家居收纳和走线技巧。

于是女孩子请他吃饭的概率大大增加，他也有了更多空间展现自己的魅力。不过，他找的女朋友并没让他修过电脑——找他修电脑的姑娘请他吃饭，同时还叫上了大学同学兼闺密。这位闺密跟我这哥们儿就"断舍离"这个话题相谈甚欢，没过多久就在一起了。

所以我建议，你在与圈子中的他人互动时，要选择闭合型场景。因为这不仅意味着高质量的互动，更意味着你和对方在这个场景中都会有更强的参与感，展现出来的资源与信息也都比较多，互相的探讨和了解也会更深入。

这样纵然不至于触发一见钟情，但肯定可以提供爱情的土壤。假以时日，就能大大增加脱单的可能性。

总之，希望你能明白两点：第一，爱情始于圈子中的熟人交互。你认识的人再多，如果都是泛泛之交，也长不出爱情的果子。第二，你可以多加利用闭合型场景，在这种场景里，大家交流的深度和频率都有保证。

Chapter 1　做好准备：打造个人吸引力　　011

相貌偏好：
颜值不高也能魅力一百分

接下来，咱们聊聊颜值，顺带着解决一下"约会见光死"这个难题。

我必须得说：这真是个看脸的世界！德国有项研究显示，人们大约只需 0.3 秒，就能判断对方是否具备做伴侣的潜质。换句话说，一眨眼的工夫，你们俩就可能一见钟情；也是一眨眼的工夫，你可能就被默默拉入黑名单，"丑拒"了。

先别急着谴责我肤浅。其实，我也不太认同"颜值即正义""干啥都看脸"。只是自打有爱情以来，颜值一直是用户入口。大量的研究表明，如果不是老夫老妻，谈内在美没什么意义。**你会爱上一个人的内涵，但这个人的外貌，可是深入理解内涵的敲门砖。**

这方面的例子实在太多了。打开任何一家相亲交友网站，浏览心仪对象的个人页面，我敢跟你打赌，没几个人会先完整看完对方的个人简介。绝大多数情况下，来访者会单刀直入：求真相。没准还嫌不够，甚至会把照片下载到手机上，放大了仔细研究。

听起来非常简单粗暴，对吧？进化心理学认为，爱情最本质的目的就是传宗接代。传宗接代，你至少不能觉得对方特恶心、特令人难受。因此，选个"看得顺眼"的就十分重要了。什么是进化心理学角度的"顺眼"呢？答案包括但不限于：柔顺的头发、明亮的眼睛、紧致的皮肤、洁白的牙齿。因为这意味着健康，也意味着更好的生育能力。

其次，你要清楚：外貌是关系能否深入发展的绝对重要变量。**纵然你像孔雀开屏一样，拼命输出各种资源，如果对方就是"看你不顺眼"，那也只能是瞎子点灯——白费蜡。**

明尼苏达大学的社会心理学家伊莱·沃斯特（Elain Walster）用实验证明："外貌协会"极有道理。她邀请了明大752名大一新生，让他们提供个人详尽信息——包括家庭背景、个人爱好、人格特质、自尊的程度以及恋爱史，等等。除此之外，伊莱也找到了这些大一新生的入学考试成绩。最重要的是，她还组织了一批专业人士，给学生们的照片打分。"格外吸引人"，得10分；"简直没法看"，对不起，只能得

0分。

准备就绪,每个学生收到一则通知:他们将在下周末参加由校方组织的联谊派对。在这个派对上,每个人会匹配到一位电脑程序算出来的联谊对象。

其实,根本就没有所谓的电脑程序。伊莱随机匹配,把752名大学新生预先分成了376个组合。联谊结束后,每一位实验者都被要求再回答一个问题——"你还愿意和他／她再约会一次吗?"

结果是明确的:只要你长得漂亮长得帅,别人就会更愿意和你约会。至于其他因素,都得往后排。

听我说了这么多,也许有读者按捺不住心中的怒火,就要拍案而起了:我都这岁数了,而且已经长这样了,你和我讲"外貌是敲门砖""颜值即正义",对我有什么用?!

少安毋躁。其实外貌吧,也是"三分看长相,七分靠打扮"。因此,**甭管你这人多有内涵,思想多么深刻,灵魂多么独特,也请把外貌捯饬明白。**

如果先不考虑整容,我们该怎样提升外在吸引力呢?这里尤其需要强调:男女有别。男人看女人与女人看男人的角度是不一样的。

先说针对男生的。

我问过不少女孩子，最受不了男生的什么地方。有两个高赞答案：一个是"穿得像个学生"，一个是"不够干净整洁"——注意，人家说的不是不够帅，说的是不够"干净整洁"。想提升外在吸引力，你要有与年龄、身份相匹配的成熟，并表现出你能把自己照顾得非常不错。

礼节、谈吐、不那么学生气的穿着，重点是要表现出什么样的信息呢？说白了，其实就是成熟度。**这种成熟度，指的是能够胜任恋人身份的心智水准，这才是外貌最应该暴露的潜台词。**

再说针对女生的。

很多女生对约会相亲该怎么打扮，态度很矛盾——清水芙蓉素面朝天，显得土；花枝招展浓妆艳抹，又有些过；随心所欲爱咋咋地，又不太走心。

你肯定知道自己的优势在哪儿、短板在哪儿，就算不知道，也有大量的化妆、穿搭、配饰知识等着你学。具体到心理学领域，我的建议很简单：你大可表现得比日常漂亮些，女孩子更在意颜值，对双方都有好处。

许多进化心理学与社会心理学领域的研究都发现：人们很在乎异性的外貌，男人比女人更看脸。换句话讲，不管东方人或西方人，不管 18 岁或 80 岁，不管汉族人或印第安人，约会时都很在乎对方的外貌，而且男生更明显。

还有一条附加信息：男人更看脸，并不代表男性是花心的。因为漂亮的你一旦成功俘获了某位男士，高颜值有助于提升婚姻质量。在针对已婚夫妇的调查中发现：妻子比丈夫长得好看，夫妻双方的婚姻满意程度更高。

总之，男女应该秉持着不同的外貌核心价值。**男生应该致力于打造出安全感。**不同的女孩子，对安全感的需求不一样。有的觉得成熟稳重带来安全感，有的觉得孔武有力带来安全感，有的觉得博学多才带来安全感。这时你需要具体问题具体分析。你也可以选择一些普适的手段，比如千万不要穿着脏兮兮的球鞋赴约，毕竟这样的外貌元素，的确与安全感挂不起钩来。

至于**女孩子，应该致力于提升自己的投资感。**我不是在物化女性，我是说，约会一开始，我们就应该让男性有投入资源的倾向。精力、时间、金钱、情感都算资源。如果你非常高冷，纵然特别漂亮，对方也可能觉得在你身上投入资源是打水漂。年轻有活力、阳光又开朗、安静娴熟，或者温柔恬淡，对不同的男生杀伤力不同，但它们有一个共性——刺激对方的投入。

最后，我想跟你谈谈，什么样的约会对象更可能与你深入培养感情。

要知道，人们虽然偏爱长相非常出众的异性，但他们通常并不会把偏爱转变为行动。人们一直在潜意识里对自己说——你喜欢那个长相出众的人，可不意味着你要在他身上浪费时间。心里得有点数！

择偶过程存在一种叫作"匹配偏好"的效应，它指的是，虽然人们有很多高倾向的要素，比如配偶的外貌、财富和社会地位等，可为了规避"偷鸡不成蚀把米"的风险，大多数还是会选择差距不大的人深入接触。

颜值也是同理。与你相貌水平差不多的人，是你需要重点关注的，因为你们彼此选择对方的概率更高。

社会心理学家艾伦·贝希尔德（Ellen Berschield）还有两条惊人的发现，同样可以给你启迪：

第一点，如果相貌差距太大，哪怕漂亮的一方主动伸出橄榄枝，后者也未必买账。"一朵鲜花插在牛粪上"，谁都不愿意承认自己是那坨"屎"。心理学家们认为，这是因为大家心知肚明——相貌差距太大，即便有激情，也未必长久。你看电影《诺丁山》。虽然男女主角身份差距很大，但颜值都在同一个水准，所以最后还是"有情人终成眷属"。

第二点，觉得自己特丑的人，往往反而有勇气"搏一搏，单车变摩托"。反正自己已经是"牛粪"了，如果有鲜花垂青，何乐而不为呢？在艾伦的实验中，8分代表颜值巅峰，0分代表颜值垫底。给自己打6分到8分的人，约会对象的平均分是6.84；给自己打1分到2分的人，他们的约会对象平均分是6.26。这就解释了"烂桃花"从哪里来，为什么"一些鲜花会插在牛粪上"。

总之，希望大家能明白：第一，外貌在交往初期，作用特别重要；第二，男性和女性都应该提升外在吸引力。对男性而言，它让你更有成熟感与安全感；对女性而言，它能够帮你争取到更大的资源倾斜；第三，虽然大家都喜欢帅哥美女，但大多数只是看看而已，不会和他们谈恋爱。要想迅速脱单，你应该重点关注相貌水平跟自己差不多的人。

优势人格：
"靠谱"才是恋爱王牌

如果你是个男生的话，你有没有过被发"好人卡"的经历？你有没有对这个标签感到一脸蒙过？如果你是个女生的话，我坚信你肯定想"嫁个好人"——但是，你有没有认真深入地想过，对你自己来说，好人到底好在哪里？好人的标准是什么？

人人都想娶好人嫁好人，但是现在在恋爱关系中，如果说对方是个"好人"，却怎么听怎么觉得别扭，甚至都觉得有点像骂人。那就请你先抛下以往对"好人"的定义和成见，我们一起谈谈，到底什么样的行为风格，能打造在恋爱中的内在魅力。

如果你问我，是什么心理感受能让两个人决定"走到一起"，我不会说是"爱情"，我会说是"信任"。很多人约完会或者相完亲，在自己内心给约会对象贴上的标签往往是"这人不靠谱"。要知道，这个标签的潜台词，不仅仅有"不喜欢"，更有"不信任"。

我爷爷和奶奶是包办婚姻，他们俩结婚那天之前说的话不超过三句，但这并不妨碍他们能踏踏实实相亲相爱，一直到现在80多岁。**让他们给彼此一个良好开始的，其实不是爱情，而是信任。**我奶奶信任她爹，她爹信任隔壁村的我曾祖父，我曾祖父则信任我祖父——所以，我奶奶信任我爷爷，虽然那个时候他们俩还没怎么互相接触，但是这种信任有保障了，他们就能在不抵触的情况下，继续把关系深入下去。

哪怕彼此都心知肚明的那种短期亲密关系，比如"周末情人"一类的——这肯定不是建立在纯真爱情的基础上吧——我们也不得不承认，它同样是建立在某种程度的信任之上。很多爱情为什么结束？并不是因为双方"不爱了"，而是因为彼此不再那么信任对方了，那日子也就过不下去了。

女孩子嫁人，老说是"托付终身"。没信任，你托付哪门子终身？男孩子娶老婆，结婚那天在新娘闺房找到了鞋后，照很多地方的喜庆流程，还要大喊："以后钱都归你管！"如果没信任，真金白银你能愿意归她管？所以，在奔向恋爱时，不管你是男还是女，你在让对方喜欢上你之前，还有一件优先级更高的事情，那就是要让对方信任你。

有很多情场老油条就特别擅长利用这一点，纵然女友换得频繁，却总能让每一个女孩子产生"你只有对我才是真的"的这种信任感——这就很可怕了。这种信任感没有实质上的基础，却能换来对方实打实的情意绵绵，把套路铺陈好，就等着对方走。当然，我们也能见到玩套路玩砸了的，批发的心形石头就是最好的反面教材。

不管怎么说，信任是靠谱爱情的基础，你身上能凸显你是个"好人"的人格特质，是你营造可信形象的资源池。很多人会见招拆招地认为，一些特定的人格特质，一定就更容易谋得信任感。但我觉得这种理解可能浅了点。的确，你如果宅心仁厚、乐观开朗、勤劳踏实，会让对方更容易信任你，但是这样单方面地谋求信任不一定好使，我们应该先站在一个宏观的角度，看看信任感到底是怎么来的，这样就更容易指导我们应该怎么做。

哈佛大学商学院的弗朗西斯·弗雷研究的主要议题就是"信任"，她研发的模型就完全适用于我们的话题。

信任来源于三个方面，分别是：真实感、逻辑感和同

理心。

说得直白点,这样的人最容易赢得信任:能做到有血有肉的真诚,这叫真实感;你能做到有理有据的靠谱,这叫逻辑感;你能做到让对方觉得你懂他,这叫同理心。

先说真实感。

建议很简单,俩字:别装。你富就别装穷,你穷就别装富,你懂就别装傻,你不懂就别装精——请少点套路,多点真诚。你可能会反驳我:满大街骗感情的"渣人",那不都是套路?没错,但我不认为那能换回高质量的爱情。你是什么样的人,那你就是什么样的,真诚待人才能知道谁会真的信任一个真的你。

1968年,社会心理学家诺曼·安德森(Norman Anderson)做了一次调查。他向民众投放了一个涉及555个具体个人特质的问卷,要求人们给这些特质评分。评分越高说明他们越喜欢有这种特质的异性,评分越低说明他们越讨厌有这些特质的人。

那调查结果中的前五名是:真诚、诚实、理解、忠诚、老实。后五名是:爱撒谎——这是倒数第一,假惺惺、刻薄、冷酷和不忠。前五个特质对人的恋情有积极作用,后五个则有消极作用。你也不难发现——什么幽默不幽默,聪明不聪明，深沉不深沉，甚至健康不健康，那些都不重要，那些特质都是"萝卜白菜各有所爱"的行为特点，真正重要的是你要真诚，别装。

如果你在约会中见过特别能装的人，那么你一定能理解我想表达的意思。交流起来吧，累；甩脸子吧，显得咱没素质；老老实实听他装吧，又实在觉得不甘——这怎么让我们信任对方，进而喜欢对方呢？

再说逻辑感。放在商界，讲话丝丝入扣的人容易得到信任，这很好理解；但放在情场，逻辑感怎么表现呢？它的一大表现，在不要过度情绪化上。**为了在约会初期赢得对方的信任，请不要表现得太情绪化，尤其是不要在面对负面和高压力事件时表现得情绪化。**

我有个女性朋友曾经相过一次亲，跟对方聊得不错，彼此也觉得值得深入交流一下，可惜岔子出在最后一哆嗦上。她对面的男士在餐后甜点里发现了一根头发，把服务员叫过来，严厉地埋怨了几句，没承想服务员也是个硬茬，跟他直接戗戗起来。这一戗戗不要紧，不知是这位男士觉得在女伴面前丢了面子，还是他本人就是个暴脾气，直接在餐厅跟服务员对骂了起来，如果不是领班拦着，估计还要打一架。风波一平，不到一分钟，他就立刻又和颜悦色地问我那位朋友：

"要不要我送你回去？"

我那朋友哪敢让他送，直接打车走了。

情绪的稳定性，是在约会中博得信任感的重要指标。

在人格的大五模型，也就是"OCEAN 系统"中，只有一个指标能够预测对亲密关系的负面影响，那就是神经质。神经质和情绪稳定密切相关。人格中神经质水平高的人，更爱表达诸如悲伤、愤怒和嫉妒等负面情绪，自然而然地将敏感的自己变成了不好相处的人。爱发脾气和易冲动都和高神经质相关。如果你是男性，要尤为注意。有的男性误以为冲动代表着男人的血性与阳刚，更能让女孩子青眼有加。事实恰恰相反。有人调查了 100 名冲动性超过正常水平的男性，发现他们一半有过离婚经历，七成经历过不幸的恋情。

事实上，爱情问题只是这次调查中的一小部分。这个调查整体上的数据更有说服力：这些爱冲动的男人在生活中方方面面满意度都不高，糟糕的爱情只是他们糟糕生活的一部分而已。神经质这一指标还与女性的离婚率存在相关性。导致女性亲密关系越来越差的还包括神经质中的其他指标——抱怨、嫉妒和多疑，等等。

洛伊尔·E.凯利对神经质在亲密关系中的负面影响进行了大量研究。他在一篇有关论文中说："人格中的神经质倾向导致了恋情的不幸，但是这种不幸最终将如何走向，基本上取决于恋情中男性一方的其他特质——或是痛快地分手与离婚，或是对付着在不怎么美满的恋情中得过且过。"

我觉得说得真好。神经质会让恋情倾向于不幸，不幸的形式和其他特质有关。

伍迪·艾伦的神经质水平就很高，他说过："生命充满了悲痛、孤独与苦难——就算是这样，它还是如此短暂。"神经质倾向如此明显的人，评价自己爱情的时候自然也都不怎么乐观："我的感情生活非常糟糕，我最后进入一个女人的身体是参观自由女神像。"他强烈的神经质倾向也毁了他的亲密关系，离婚好几次不说，还在1997年娶了自己1980年的情人和其前夫所领养的女儿。

那我们该怎么办？情绪稳定性作为一种人格特质，改变起来并不容易。但是，我们有一个很简单粗暴的方法来控制情绪，那就是在发现自己情绪快要控制不住的时候，吃一颗糖。研究表明，人在摄入糖以后，血液内葡萄糖含量上升，让脑部补充能量，从而能更好地控制情绪。因此，**如果你觉得自己是个情绪不稳定的人，身上常备几颗糖，难过了吃一颗，伤心了吃一颗，生气了吃一颗，给双方空出吃一颗糖的冷静时间，更有助于爱情甜甜蜜蜜。**

当然了，吃糖只是个急救的事，真正想控制情绪、经营爱情，还得从根本上减少情绪波动。总的来说，就是接纳跟对方的不一样。很多人的愤怒和委屈都源自"别人怎么跟我不一样啊"。如果我接纳你这样一个"九〇后""〇〇后"跟我这样一个"八〇后"之间的不一样，而你也接纳我一个北方人与你一个南方人之间的不一样，这其实能很好地维护夫妻和情侣的亲密关系。

最后一点，就是表现出足够的同理心，让对方觉得你能理解他/她，这也是培养信任感、留下好印象的重要方法。

这方面的建议就非常具体了。

很多时候，约会是不是成功，不在于你怎么说，而在于你怎么听。所以，请在交流中保持专注地倾听。学会听话比学会说话的难度要大得多——我们会在稍后的内容里专门谈到约会时口头沟通的注意事项。事实上，充分倾听比自己口若悬河地乱侃更容易让对方收获更好的感受。我们都有听别人说话听到烦的经历，所以学着别做那个让人烦的人。

其次，要保持对对方需求的敏感度。约会是双方交换感受的过程，所以不要时时刻刻都太强调自身的感受，要及时体会到对方在交流上的需求。约会中"猴急"非常招人讨厌，就是光顾着自己感觉好，而选择性忽略了对方的正常感受。

此外，还要及时与恰当地征询对方的意见。表现对对方的在意与重视的一个典型方法就是——多问问对方的意见。从"你今天想吃点什么？"到"需要我开车送你回去吗？"，只要是带着真诚的关怀去问，其实都可以。这很容易增加对方对这次约会的参与感，也能让对方感到自己被重视，想到自己是个独特的交流对象，而非相亲大军中的普通一员。

以上，就是我给你的好人卡说明书：**真正在约会中吃香的好人，应该是一个能让对方信任的人，这甚至比让对方喜欢还重要。** 而信任来之不易，它主要得益于你在三方面的表现——一是有足够的真实感，二是情绪的稳定性，三是表现出得当的同理心。要想向对方展现自己的真实感，就两个字，别装；要想维持自己的情绪稳定性，很简单，吃一颗糖以及学会接纳不一致；而要表现出足够的同理心，就要学会多听、多问、多关注。

酒瓶底子效应：
酒吧夜场，究竟能否邂逅爱情？

好多电影和电视剧，都爱把男性角色和女性角色的邂逅安排在一个莺歌燕舞的场景里。可真实生活中，在酒吧、夜场等有强体验的场合，我们究竟能不能收获靠谱的爱情呢？

声浪、灯光，伴随着对于感官的刺激，往往也有对于情绪的唤醒，加上人们对"一见钟情"的认知和期待，在这样的情况下，人们会体验到什么样的情感质变呢？

爆发式好感常出现的地方之一，就是音乐喧嚣、灯光暧昧，容易让人意乱情迷的酒吧了。

欧美有个日常说法叫作"酒瓶底子效应（Beer-Goggles）"，也叫作"酒后眼里出西施"。它指的是在酒吧里，那些在刚进酒吧时怎么都看不上眼的庸脂俗粉或愣头青，随着夜幕渐深，离酒吧打烊的时间越来越近，多喝了几杯啤酒后，他们看起来也越来越不错了，甚至值得成为一次约会的对象。

心理学家布莱恩·格拉德（Brian Gladue）和简·德拉尼（Jean Delaney）就走进了酒吧，在吧台前给手持啤酒的人们递上了调查问卷。好在这种行为并没有太多打扰人们喝酒与猎艳的雅兴，大多数人还是友好地完成了调查。为了验证不同时间段对人们场景误读的诱发程度，格拉德与德拉尼给同一个人在不同的时间段做了多次测试。测试的工具是一份给酒吧中异性的外在吸引力进行评分的问卷，它要求填写人选择从 1 到 10 之间的一个数，来给异性打分。

每一个参与调查的人都分别在晚上九点、晚上十点半以及午夜十二点按照要求给出了一个分数。

数据证明，随着时间越来越晚，酒吧里面的男性对同一个女性的外貌评价有着非常显著的提升；与此同时，女性对男性的外貌评价也有所提高，但是提高的幅度往往达不到男性提升水平的一半。

纵然男女间存在差异，但是这种场景误读的普遍性已经得以证明，无论男女恐怕都难以逃离它在一定程度上的束缚。

可场景误读并不一定就意味着爱情谬误的开始，如果善加利用，它还是可以为爱情发展创造契机的。

很多人喜欢把表白做得比较有仪式感。人们为什么会这么做呢？原因非常简单——这么做能够提高表白的成功率。

由于类似的事件并不多发，当这些事情的存在意义都指向一个具体的人的时候，自然而然地就会引发当事人的情绪波动，比如紧张、害羞与高兴，加上很有可能相伴而存的欢呼与围观，被表白的人如果吃这套，情绪水平当然就会再上一层楼。于是一种被称为"浪漫"的情感就得以营造，一种喜闻乐见的场景误读也就应运而生，表白的成功率也就得到了显著提升。

此外，也可以靠选择合适的约会场合，来为场景误解创造契机。旅游、音乐会、酒吧和游乐场能够成为促成恋人走到一起的典型场景，都应当归功于这些地方能够抛开爱情这个因素独立地激发人的情绪，当这些情绪得以激发时，能够产生个人指向的场景误读才算有了心理基础。

对有恋爱打算或者恋爱初期的人来说，诸如上述这些容易让人有强烈情绪体验的场合是更值得选择的约会地点。在精心设计下，类似"一见钟情"的恋情起跑，也完全是可能的。

纵然如此，你也一定要警惕，因为外界环境而产生的爆发式好感，非常容易面对高开低走的困境。

2008年5月，汶川地震发生后，我当时所在的西南大学心理学院响应相关部门的要求，迅速组织了心理援助力量奔赴灾区，我成了当时获准进入灾区进行心理帮扶工作的心理学工作者之一。

当时的环境格外艰苦，我们所处的区域仅仅处于刚刚解决温饱和饮用水问题的状态。共患难的时候往往能够建立深厚的感情，所以当兵时的战友、创业时的伙伴、患难与共的夫妻都有着不错的关系。

令当时的我万万没想到的是，在抵达灾区的第十一天，我们这个临时组建，彼此事先都不认识的队伍中，出现了一对情侣。

这段恋情被当事人表述为艰难困苦中的一见钟情。

抗震救灾的紧张、劳累和情绪化的环境，伴以两个人的场景误读，促成了一次有偶然性更有必然性的一见钟情。

可在完成救灾任务返回学校后，这对情侣火速分手。因为所谓"误读"一旦脱离了那个场景，抛开了心理上化学反应的基础，回归到了生活中最真实的模样，也就谈不上什么误读不误读了。

很多时候，爱情的发展有点像我们唱《死了都要爱》这样的歌。如果一开始调门起得太高，很容易在接下来的部分唱破音，唯独一开始把音调调低一点，在越唱越高的时候才好掌握。

因为酒瓶底子效应的作祟，在爆发式好感之后，我们往往会看到对方居然也有平凡的一面，居然也有没那么大魅力的时候，居然也有很多我们意想不到的毛病。

倘若对方因为他最优秀的一面得以展现，与此同时，你在当时还昏了头脑，那在感情的后续发展中，必然就要面对种种高开低走、每况愈下的情形了。

所以，在酒吧、夜店以及类似我们当年抗震救灾的那种容易产生爆发式好感的场合里，你一定要理性，多留点回旋的余地。

我知道，这会很难。因为在那样的情况下，大脑其实经历了非常生理化的改变，在这种情况下要有效自控，还真的不太容易。

针对亲密关系在生理心理学层面的研究，一直到 21 世纪初才出现了比较成熟的研究成果。在这之前，心理学家所从事的研究大量都是针对与亲密关系相关的行为、决策、情绪等层面的研究。曾经很长的一段时间里，男男女女做出的举措与表达的话语为心理学家们所观察，而今，观察者变成了扫描人类脑组织的功能性核磁共振仪器,而被观察的行为,则进一步具体到了神经活动的层次。

将爱情作为一种生理反馈机制加以研究的先驱者,是纽约州立大学石溪分校的心理学教授亚特·阿隆,他的研究为爱情心理学打开了一扇新的大门。

为了寻找亲密关系中的激情——这是一种与酒吧夜店里的爆发式好感关系很大的情感体验——到底是由大脑哪个区域所主导的,阿隆与他的同事们进行了一次专门的研究。

他们邀请了 17 名正处于热恋期的青年人参与这次实验。这些实验的参与者在接受脑扫描的同时,分别看到了自己恋人的照片和自己好友的照片。而他们在看不同照片时的神经反应,已经被记录与保存下来。通过一系列分析,阿隆发现,对正在恋情中激情满满,处于一日不见如隔三秋的情感饱和的人来说,相较于看到朋友,看到恋人激活了他们大脑中与奖赏和动力相关的区域。

这个研究结果,有两点启示:

第一,对热恋中的人来说,单单是看到自己的恋人,他们机体内的化学反应就已经开始自己给自己奖励了,而且为进一步的行动做好准备了。

第二,因为脑区激活与行为决策的交互作用,这些区域在被高度激活的时候，你也更容易快速看上某个人。这其实很好理解，你看在日常生活中非常"丧"的人，干什么都提不起兴趣，其实就是多巴胺分泌水平不够高，神经系统中的奖励中枢激活程度不够的表现，那相应地，也就很容易遭遇"没法开展一段亲密关系"的问题。而那些热情主动、更愿意主动去搭讪的人，他们大脑中的奖励中枢更容易被激活，其实也不缺开展一段亲密关系的初始条件。

对我们来说要注意，激活奖励中枢的，在很多情况下，毕竟更可能是酒精与声浪，所以每每这时，我们还是要少喝点，冷静些，不要让"酒瓶底子效应"耽误了正事。

Chapter 2

高情商沟通：
约会的正确打开方式

> 世间并不存在什么高发一见钟情的独特体质，一见钟情是不是会发生，与人没有关系，与两个人相遇的场景大有关系。

关系纵深：
为什么相亲会尴尬？

为什么相亲初次约会时，不是越聊越尴尬，就是浪费时间，体验通常很糟糕呢？面对不知道该聊点什么的相亲场合，应该怎样与潜在恋爱对象，按部就班地培养亲密关系，才不至于让每次相亲都变成一锤子买卖呢？

在我的朋友圈搜索"相亲"二字，会蹦出来对它的各种吐槽。有男生吐槽女生的，也有女生吐槽男生的，还有男男女女吐槽相亲组织者有多么不靠谱的。总之，我从没见过有谁在相亲后说："体验真好，还想再来一次。"

相亲能帮你精准定位恋爱候选人，但你一定要注意：它可不能保证你和对方"相见恨晚"。要想游刃有余地玩转相亲，按部就班地从陌生人到恋人，请你打起精神，搞明白这个理论：关系发展的纵深理论。

先说我自己。

很少有人知道,我相过亲。更少有人知道,我相亲的时候,其实都已经订婚了,而且当时的未婚妻、现在的老婆,打一开始她就知道我去相亲了。

事情是这样的:我老婆组织过一场相亲沙龙,客户是某机关工会,来相亲的是公务员与军队系统里的精英单身男女,我负责陪同。

当天的玩法叫"七分钟相亲"。男女人数相同,女生位置固定,男生们则坐在女孩子们对面。你每次能跟对面的异性做七分钟交流,时间一到,不管交流效果如何,男生都需礼貌起身,按顺时针方向挪位,跟下一个女生开始聊。当所有人都与在场的每一名异性聊过后,你可以给心动的男生或女生留下交流方式,方便私聊。

不巧,那天一位男士放了所有人的鸽子,没来,我就不得不在老婆的要求下,硬着头皮上了。

被未婚妻要求去参加她组织的集体相亲,这听起来非常具有魔幻现实主义色彩。我倒也没有刻意隐瞒"我已经有对象"的事实,分别与六名单身女孩都聊了天,话题包括简单的自我介绍,喜欢哪类博物馆。最后,我从老婆那儿拿到了两个电话号码——媳妇告诉我,这是当天男嘉宾的最好成绩,没人搭讪的男士大有人在。

来相亲的男士，外在条件都挺优秀的。可为什么好些人没拿到联系方式呢？我认为，他们在"七分钟相亲"中，犯了些明显的错误：**过于急切地打探对方，太多的自我暴露，让尬聊无法继续。**

而我所做的、所说的，其实都有一个整体原则：就是要保障自己聊天的话题、内容与深度，与我跟对方的关系发展水平匹配。

你要知道，相亲这种场合其实是非常奇怪的。两个关系非常浅的人，对彼此几乎一无所知，却为着恋爱、结婚独处聊天，这听上去是不是非常奇怪？明明关系浅，却硬做关系深的人才做的事，聊关系深的人才聊的话，这才是让相亲吊诡的核心原因。

你要做的，是在这种场合中，尽量表现得有静待花开的节奏感。

这就像某媒体几年前在大街上做街采，随便碰到一个人就问人家："你幸福吗？"受访者的第一反应，往往不是说什么，而是直接被问蒙了——你是谁啊，你就问我这么深刻的问题？

关系浅聊得浅，关系深聊得深，这是最基本的交流规律。相亲让人们容易误以为：目标比较远大，必须聊得也比较深刻。即便你的目标很远大，一旦关系没到位，谈得越深刻，双方越不爽。

不同的关系层级，有不同的交互倾向，这就是关系发展的纵深理论的核心。 从陌生人发展成为亲密情侣，要经过一系列关系的纵深转变。见人下菜碟的要点，就在于对关系层级保持敏感，对行为标准保持相对应的克制。

人跟人之间，最浅的层次叫作社会关联关系。 这个阶段的特点是：你所在的群体为你代言，你并没有什么个性的点。此时，两个人的连接是间接的，群体对他们施加彼此间的影响，他们彼此之间并不强调对方个性化的存在。

比如你们是某个合同的甲方乙方，比如你们在一所大学的两个学院读书，比如你们住在同一个小区。以上三种情况中，你们可能知道有对方这个人，却和他没接触过，更谈不上了解。这就像你点了个外卖，你不在乎送外卖的小哥是谁，只在乎能不能准时拿到外卖一样。

再深一层，就是个体关系。 今天你点外卖的时候，忽然发现外卖小哥"天怒人怨"地帅！于是，你记住了他的名字，还给闺密发了条微信："今天的外卖小哥长得超级帅！"那你给对方的评价，已经上升到了个体关系。这个外卖小哥已经是一个具体而独特的存在了。当然，话说回来，关系是双向的，你在他眼里，可能只是外卖客户甲乙丙丁。

假如你每个星期至少有五天都点同一家牛肉面馆里的秘制辣牛肉面，每次都由这位"天怒人怨帅"来配送，那么，你很可能成为他眼里的"牛肉面小姐姐"。如果达到了个体关系，虽然还谈不上喜欢不喜欢，你们起码已经注意到了对方更深层次的特质。你就是你，对方同你的关系，直接指向了你本身。

第三层是紧密关系。 通常意义上的"挚友"和"家人"就属于这一层次。紧密关系主要有两个表现形式。一是双方可以互相施加更为强烈与频繁的影响，有什么事愿意跟对方倾诉，有什么难处也乐意与对方讲，说的话做的事在对方那里更走心了。二是拓展了共有行为的广度。你们曾是在商言商的合作伙伴、普通的同学、偶尔见一面的邻居，可现在你们能一起去游个泳，商量着一起穷游，分享两家的八卦。

第四层，我们所说的最高层，就是亲密关系了。 它最典型的表现，就是双方投入的性行为以及分享经历和表达自我的强烈欲望——这方面我们就不多谈了，你要是已经达到这个层面了，就不用来看这本书啦。

说回相亲。相亲最大的弊病，就是生硬地跳过了亲密关系常规发展的社会关联关系、个体关系，直接进入了紧密关系——这是一种感情发展的揠苗助长。没人愿意向第一次见面的人深刻表露自我、袒露心声，但是不这么做，好像又没法达到相亲的目的。

重点来了：结合关系发展的纵深理论，和相亲对象约会，如何才能大方得体呢？

我建议你这样做：

第一次见面，你应该跟对方培养出个体关系，别让对方把你当成其他的相亲对象或者普通路人。在这个阶段，你应该尽量展现出自己比较独特的资源，当然前提是保持礼貌。

比如说，你跟对方是学同一个专业的，或者你有比较独特的才华，你在阅读、音乐、戏剧上有一些独到的见解。总之，在不装的同时，表现出自己的独特性。今天很多人，约会时会说自己开多少钱的车，住多大的房，毕业于哪所常春藤大学，一旦这些资源成了大家都想去强调的时候，你要注意，它们其实就不够个性了。我们经常说，好看的皮囊千篇一律，有趣的灵魂万里挑一。这就是因为，如今一般好看的脸也不够有特色了，内在的东西反而会表现得更有魅力。

我们为什么希望去结识一些有趣的人呢？就是因为他们各有特色，以及拥有其他人身上所没有的资源。除了都"有趣"之外，他们甚至都没什么共同点。如果你觉得自己没有这样的资源，不够有趣，那我建议，你要去找到自己独特的主场。

到了个体关系阶段，能让关系深化的行为标准，就是双方共有的积极体验。相亲第一次约会，大家都喜欢找一家西餐厅，或者一个格调比较高的地方。但并不是所有人都喜欢在这种场合跟别人交流。一次两次还能忍，再来几次，就会觉得不舒服、不自在。

这时，为了给关系进一步发展的机会，要注意以分享共有的积极体验为主。不要大篇幅地吐槽抱怨你的事业，也不要表现得过于焦虑急躁，轻松与愉悦是这个阶段的绝对主题。我建议：你们可以吃个火锅，喝杯奶茶，聊聊八卦，嘻嘻哈哈。

一旦你确定要跟对方更进一步，就要考虑适当地释放一些负面信号——一起看个恐怖片啊，跟他说说你的小烦恼啊，和他讲讲你职场上的不爽啊。总之目的只有一个：让对方成为"自己人"。

这里我要分享一条非常反直觉的知识：从一般朋友向好

朋友的深化，从互有好感到成为恋人的过渡，它不靠积极体验的堆积，它靠的其实是能够接纳对方的负面感受。回想一下，你跟铁哥们儿/好闺密之间，记忆最深的一件事。它是一件好事呢，还是一件坏事呢？我敢肯定，十有八九这件事上不了台面。

为什么？恰恰因为关系好，所以互相有"黑料"。一旦关系开始向紧密关系过渡，两个人的交流可就不能是简单的打哈哈了。这个过程中，有自我弱点的暴露，有因为一方被欺负而来的愤怒，甚至有一起偷偷摸摸的小算计。我们先不评判好与坏，单从关系上来讲，这些事就可以证明关系的升级。

这方面的科学理论与具体技术，我们后面还会聊到很多。这一节，你只需要理解关系纵深理论就好。

普通的相亲之所以让人不爽，是因为它违背了人跟人关系发展的基本规律。在关系发展的过程中，由浅到深有着社会关联关系、个体关系、紧密关系与亲密关系四个层级。我们要做的，就是根据所处关系的具体层级，恰当地选择自己的行为，才能帮助双方的关系逐渐深入。这些行为包括：强调自身的独特资源，分享共有的美好体验，适当地释放负面信号。

046　**我想谈恋爱：科学脱单指南**

爱情生理学：
"来电"是一种什么体验？

你觉得，爱情中的"来电"到底是什么？

可能有人会说这是碰见了对的人，有人会说是等到了真正的缘分，有的人会说"爱情就是没他不行，非他不可"。

那句话怎么说来着？

"爱情啊，就是弱水三千，唯独取你这一瓢饮。"

说实话，这些定义其实都是描述，而没有说到本质上。

这本书会谈很多感性的东西，但是这一节，恐怕是最理性的。

因为我接下来要告诉你，你一定要打心眼儿里清楚，**爱情的本质是一种化学反应**。这句话就是一个普通的陈述句，没有任何修辞手法，不是类比，不是夸张，也不是比喻。

而且这种化学反应的参与者呢，其实并不是男女双方，它并不是你跟对方——某男与某女之间的反应,而是单独发生在某男自己与某女自己身上的神经系统内的反应。

了解到这一点,对于你从更基本的角度、更底层的逻辑去理解爱情,非常有帮助。

在这方面有三个基本规律,你要明白:

第一,爱情都是发生在每个人自己内部的化学反应,你所爱上的那个人呀,其实只是一个相当于催化剂一般的引子,是他诱发了具体的化学反应,他本身并不参与到反应之中。你看见心仪已久的男神会心动,看见我就不心动——这很正常,因为男神是你的催化剂,而我可能都未必能引起你的注意力。不管你看见的具体是哪一位男神,不管你产生爱意的方式是一见倾心还是日久生情,这些化学反应都发生在你自己的身体上。如果只有一方有这种化学反应,充其量只能达到倾慕的水准,还到不了爱情的程度。

至于爱情,需要双方互为对方的催化剂,彼此激活对方身上的化学反应,才能让情感的齿轮彼此咬合,快速运转。这个规律告诉我们一个基本的原理:你因为看上了人家而有反应,往往并不意味着对方跟你也一样,这个时候,下功夫考虑怎么才能达到双向激活才是当务之急,要不然,就是剃头挑子——一头热。

第二,这种化学反应总是伴有一定的生理与心理反应,比如说,辗转反侧地思念就是典型的生理与心理反应的组合。就是因为内心强烈的生化反应,导致胡思乱想,觉也睡不好,饭也吃不下。这条规律,给了我们从行为评估对方心态的基础。玩狼人杀的时候,我们总爱说"发言会骗人,但投票不会骗人";在爱情中也是一样,甜言蜜语可能是编的,可一些实打实的行为,往往都非常直接地由大脑中的神经递质诱发,还真不一定能控制得住。

往好了说,肢体接触的欲望、说话的语调语气、服务性质的行为,可能都是好信号;往差了说,鄙视的眼神、刻意保持距离、拒绝接受对方的帮助,可能都不是什么好迹象。比如,最常见的生理与心理结合的反应,就是"害羞"了,有的女生一旦被心仪男生关注到,有互动,往往会很害羞地避开、脸红,或者捂脸。从逻辑上讲,这似乎非常难以理解——你喜欢的男生想跟你交流,你应该很积极地迎合才对啊,为什么又要躲又要羞的呢?就算你要躲,为什么不撒腿就跑,而是原地"嘤嘤嘤"呢?这其实是因为,男生的举动给女生带来了心理上的两难刺激:一方面,她有着想跟男生交流的意愿;另一方面,又因为这是个带来焦虑感的压力场景，让她有逃离的冲动。而这两种感受一结合，就产生了这样的解决方案："我不能跑，跑了就没法跟男生交流了，但是我好有压力，我要表现出回避行为。"这在行为上的表现，就是原地捂脸这种行为。

很多女生就算有类似的反应，其实也不知道为什么会这么做。如果你拥有这种从底层的生物化学逻辑去分析感情和行为的能力，就更可以透析了解，到底发生了什么。

第三，爱情这一整套的生化反应都非常复杂，参与这一反应的化学成分与神经递质也非常多，从多巴胺到催产素，都会在爱情的不同阶段作用于感受到爱情的人。

人类学家海伦·费雪（Helen Fisher）就认为，千万年的演化，让人类的爱情，主要由三类既相互联系又截然不同的生物系统控制的成分组合而成。

第一个是情欲，它主要与性激素，也就是我们日常所说的性荷尔蒙相关。 它服务于爱情最基础的功能层面，也就是繁衍后代。很多人在热恋时期非常渴望大量的身体接触，而且很有激情，很大程度上就拜性激素所赐。很多夫妻为什么会越过越感觉缺少激情，很大程度上就是彼此对对方性激素的刺激水平下滑导致的。

第二个是吸引，它主要由多巴胺和 5- 羟色胺共同调控。

这两样东西会让人青睐于某种特定类型的人，比如你喜欢长发的，但我喜欢短发的，你喜欢外向开朗的，而我则喜欢腼腆一点的。它们通过诱发浪漫感，让人们超越性激素的影响，培养出稳定的配偶关系。当我们真正坠入爱河的时候，多巴胺水平会上升，引起兴奋和欣喜，而5-羟色胺的水平会下降，这就让我们能更不知疲倦地和心上人相处。我的一个女性朋友曾经跟我抱怨她的男友："刚谈恋爱的时候，不管我加班多晚，都会到公司门口等着接我！现在可倒好，大晚上的我打车多危险啊，人家自己在家打游戏！"为什么会这样呢？说白了，就是5-羟色胺的水平回升导致的。

第三个是依附，它主要与催产素相关——必须要说明的是，催产素在男女体内都有。它的确会在雌性哺乳动物分娩时大量释放，但是请注意，其实它在男女身上都有，也都会发挥作用。催产素跟长期稳定的伴侣关系带来的舒适感与安全感有关，也会促使夫妻厮守在一起，并共同保护与抚养子女。

当然，你可能会觉得，知道这三点有什么用呢？我又不能从医院买一种药，注射给我的心上人，让他喜欢我啊。

你一定要了解，明白爱情运转的底层规律，可以帮你由下而上地解决很多问题。

接下来，从爱情的生物特性出发，我给大家两条建议：

第一，你可以靠调整自己的生理状态，更好地投入爱情。

举个例子。英国阿伯泰大学的研究者曾招募了 74 名 20 岁出头的拉脱维亚男性，在他们接受乙肝疫苗前和注射疫苗 1 个月之后，抽取了他们的血样。疫苗会触发免疫系统制造对抗病毒的抗体，针对血样，科学家们测量了抗体、睾酮以及压力激素皮质醇的水平。

之后，94 名 20 岁出头的拉脱维亚女性会根据吸引力，为每名男性的照片评分。研究者则会分析免疫应答水平、激素级别和两性吸引力之间的关联。

最后的结果是这样的：较高的睾酮水平，关联对应着有吸引力的面孔和强大的免疫应答。相比免疫反应弱的男人，免疫应答最强的男性，在女人眼中也被认为更好看。在那些压力激素皮质醇水平低的男性中，睾酮水平和受女性喜爱程度的关联最强，这说明压力可能损害了免疫系统以及女性眼中男人的吸引力。要知道，很多研究都曾经提及睾酮和免疫系统的关系，而这个研究第一次将女性对男人外表的看法与免疫系统强度建立了直接关联。

这给我们什么启示呢？如果你是个男的，想脱单，那影响睾酮水平的事要少干——比如抽烟，缺觉，摄入过多脂肪；与此同时，告诉你妈别老催婚，因为催婚会导致你个人压力升高，而从这个研究成果看，高压力会让你不那么受女生待见。

类似这样的视角，就能帮你从生理出发，去获得解决爱情问题的方法。

第二，你可以靠调整自己的行为，诱发特定的生理状态。

再举个例子。

罗彻斯特大学的心理学家安德鲁·伊莱特（Andrew Elliot）在《实验社会心理学期刊》上发表的论文中，发现了一个很有趣的现象：相对那些身穿其他颜色的女性，男性认为身穿红色的女性更具吸引力和性感诱人，除此之外，男性会坐得离那些身穿红色的女性更近一些，问一些更亲密的问题。

为什么？说白了，就是因为女性穿红色，对于男性的生理水平唤醒程度更高。因为在人类排卵期间，由于激素水平变化，使女性皮肤色调变浅，皮下血液流动加快，这些改变让脸上的红晕在最有生育力的女性中更普遍，而这也让男性倾向于将红色视为一种暗示信号，于是调整了自身的生理状态，准备随时出击。论文的作者甚至在论文中体贴地提及：

一定要注意，身穿红色是一个暧昧微妙的暗示，如果身处一群热切期待的男性中，红色很有可能会带来性骚扰。

我觉得这么有良心的研究人员真的很值得点赞，更值得做的，是我们要从这样的研究结果中得到针对行为的指导：今天去约会，穿红的可以，今天去面试，穿红的恐怕就不太行了。

说一千道一万，我还是希望各位能够掌握一个不同于以往的看待爱情的视角：从生理心理学的视角出发，理解"来电"的本质，还真的就是个化学反应。

情感归因：
设计你的"一见钟情"

不少人都相信存在一见钟情，甚至我们身边有很多人实打实地体验过这种特殊的缘分。接着我们就来谈一谈，一见钟情到底靠不靠谱以及能不能有意识地打造一次一见钟情。

有这样一种反应，代表着"爆发式好感"正在发生。比如，林黛玉初见贾宝玉——"黛玉一见，便吃一大惊，心下想道：好生奇怪，倒像在那里见过一般，何等眼熟到如此！"我们常用"怦然心动"来形容一见钟情，这个"怦"字，就是一见钟情时，机体内化学反应开始的发令枪。

只总结一下经验，就匆匆地下结论，这可不是科学心理学的研究方法。

最近这50年，有一系列研究试图探究一见钟情的科学本质，这些结论无一例外都指向了一个共同的结果，这也是今天的你一定要明白的一件事：**世间并不存在什么高发一见钟情的独特体质，一见钟情是不是会发生，与人没有关系，与两个人相遇的场景大有关系。**

相信大家都听过经典的心理学研究：吊桥实验。吊桥实验是英属哥伦比亚大学的心理学家唐纳德·达顿在 1974 年完成的一个研究一见钟情的经典实验，今天每部探讨爱情的心理学教材，都躲不开这个里程碑式的实验。今天呢，我们依旧拿这个实验做文章，不过，我想带着你从一个更全面、更独特的视角去剖析一下为什么这个实验能成为经典。

本书中，这个实验是我要最详细解读的一个研究，因为这个实验的设计和实施本身，就已经说明了一见钟情该如何打造——它需要三个要素：能激活情绪情感的邂逅场景；起码一方的资源展现，这个资源可以是颜值、才华，甚至仅仅是一个背影；双方彼此间的交集，这会成为让一见钟情进一步发展的线索。

加拿大卡匹拉诺公园里有一个世界级景点，同时也是最著名的游玩项目，那就是被誉为世界上最伟大的吊桥：卡匹拉诺巨型吊桥。这座桥建于 1889 年，它基本上是用大麻绳和杉木建成的，全长 137 米，高达 70 米，从两端的原始森林里横跨奔涌而过的卡匹拉诺河。最可怕的是，吊桥的特性决定了它始终晃晃悠悠。别说恐高症者，就算是一个胆子够大的成年人，在桥上也会紧张到不行，因此它也吓坏了不少慕名而来的游客。达顿把实验地点选择在了这个桥上，这个桥，就是刚才提的第一个要素：能激活情绪情感的邂逅场景。

达顿邀请了一名漂亮性感的女助手来完成这个实验，而漂亮的女助手构成了第二个要素：起码一方所能展现的具体资源，在这里就是美貌。女助手被要求站在吊桥的正中，也就是最容易让过桥之人害怕的位置。这位女助手的任务是：要求路过的单身男性参与一个简单的研究。

女助手向每一个同意在桥上参与研究的单身男性展示了同一张图片，并要求他们立刻根据图片的内容编出一个简单的故事讲给她听。之后，还给参与者留下了她的电话号码，告诉他们如果事后有任何相关问题需要问询，都可以给她打电话。

在完成了这部分实验后，还是这名女助手，在距离卡匹拉诺公园不远的一座又宽又低的普通石桥上，将这个实验又做了一遍。她拦下了相同数目的单身男性，给他们看了同样的图片，提出了同样的要求，并留下了同样的电话号码。故事和电话号码，成了一见钟情的第三个要素：双方的交集。

研究者针对这两组不同的男性——我们姑且称他们为"吊桥男"和"石桥男"——从两个不同的角度进行了分析。坐在电话另一端的达顿,挂掉了众多失望的男士打来的电话后,记录了两组男性回电话的数量。在高高的吊桥上被拦下来的男人们明显对这位漂亮的女士更感兴趣,一见钟情发挥了它应当发挥的作用,吊桥男们用更热情的态度打回了更多的电话。

与此同时,达顿还分析了两组男性编出来的故事中所涉及的与两性关系相关的内容和元素。石桥男们编出来的故事基本上都乏善可陈,倒是吊桥男们编出来的故事,充斥着更多与亲密关系和性接触相关的内容。吊桥上的一见钟情发挥了它的另一个重要作用:紧张的时刻又碰到异性,这种被唤起的剧烈化学反应开始让人们有了更多与爱情相关的胡思乱想。

吊桥男们带着化学反应见到了漂亮的女助手。与石桥男们相比,他们心率更快,出汗更多,紧张程度也更高。他们已经处于一种一见钟情的状态,他们只是缺少一个一见钟情的对象。说白了:日久生情的爱情,是先有的爱情,后有的化学反应;一见钟情的爱情,往往是先有的化学反应,后有的爱情。

你看！林黛玉见贾宝玉的时候初入贾府，紧张；祝英台见梁山伯的时候女扮男装，紧张；潘金莲见西门庆的时候刚拿棍子砸了西门大官人的脑袋，紧张；穆桂英见杨宗保的时候两人甚至真刀真枪打了一架，更紧张。在剑拔弩张的氛围中，一见钟情居然获得了更大的可能性！

对你我来说，要想收获一见钟情，恐怕重点不在于怎么在自己身上做文章，而在于怎么在交互场景上做文章。对大量的一见钟情来说，并不是你运气好，在某一个瞬间见到了那个合适的、足够让你心动的人，而是反过来——你在一个容易心动的环境下见到了那个人。事实上，决定一见钟情最终发生的往往并不是人，而是人所处的环境。

我上大学的时候，有一次收到了来自一个女生的短信，大概内容就是对我仰慕许久，想见见面。我这个颜值的人，着实被这样的短信吓了一大跳，于是先在手机上跟人家姑娘聊了聊。结果有点尴尬：原来姑娘认错人了。但是，怎么就认错到我身上了呢？原来，当时正好全校开运动会，人家姑娘对一个背影非常好看的帅哥一见钟情了。这帅哥，后来我才知道，是我们心理学院的院草。背影帅哥打动姑娘的不仅仅是背杀能力，还跟他当时的谈吐有关，据那个姑娘说，他当时听到在心理学院旗帜下的那个男生在聊海德格尔。

于是那个姑娘开始四下打听，心理学院特有才华的男生究竟是谁？长什么样，她毕竟没看见，所以只能凭这种碎片化的信息了。当时我在校刊当主编，也不知道谁给那姑娘指了斜路，说她想找的八成是叶壮。这种一见钟情，实在太不靠谱。虽然一见钟情在一定程度上可以塑造，但是我还是请看书的各位冷静下来想一想，"可塑造"并不一定意味着它就一定是爱情的完美起点，想要美好的爱情，你不一定非要有个惊为天人的开始。

如果一见钟情一切顺利，那怎么让感情继续升温和发展下去呢？

你现在已经明白了，**一见钟情的本质，其实是一种"场景误读"**。既然是误读，自然续航就差一点。要想让因误读产生的爱情继续深化，你就要跟对方一起超越误读的场景，做更加广泛的交流互动。很多时候，我们缺乏去辨别到底是什么让我们高兴起来、紧张起来、兴奋起来甚至恐惧起来的能力，因此很容易把情绪的诱发原因归结到一个异性的第三方身上。事实上，让你感到情感爆炸的可能是酒精、声浪、运动、高度、困难、赞许——而你只是因为误把原因归结到与这些因素相关的人上，而让你感到一见钟情。

亲密关系的建立和维持，光有激情和刺激是无法细水长流的。要想让一见钟情发展成长寿的健康恋情，你一定要注意这一点：如果你跟对方的交互场景高度集中在让你们一见钟情的场景，这其实会带来非常大的风险。说白了，就是因为你们没有条件更完整地去认识全面的对方，一旦你们抽离能激活你们的场景，就很容易"累觉不爱"。

在打造一见钟情过后，要快速推进双方在不同场合全面地了解对方。酒吧里面见过的，就别老去酒吧了；演唱会上相识的，就别总去演唱会了。不要拘泥在你们萌生爱意的场合，适当地走出这段感情的舒适区，更加全面和立体地接触彼此，才能跳出一见钟情，得到真正的爱情，让缥缈的化学反应变得接地气。当然了，这么做的结果可能有两种，好的那种是进一步情投意合，越互动越合拍；至于差的那种，则有可能让你产生"原来你是这种人"的感受，这其实也是好消息，毕竟纸里包不住火，早露馅，也就早止损，对双方都有好处。

如果你希望在与异性初次见面时能迅速捕获对方的芳心，点燃对方怦然心动的爱情火花，来一场一见钟情的浪漫爱情，那么，请心机十足地选取一个能激活情绪情感的邂逅场景，用精心装扮来展现自我的资源以及想方设法与对方产生交集。

当然了，就如前面所说的，一见钟情的本质是"场景误读"，是一时的刺激引发的多巴胺反应，要想持续这种高体验的激情，就需要越来越高强度的刺激。遗憾的是，多巴胺也有耐药性的一天，只有激情没有亲密的爱情，总会迎来相看相厌的那一刻。唯有勇于跳出这段感情的舒适区，全面和立体地接触彼此、了解对方，才能保持"一见钟情、二见生情、三见倾心、四见非你不娶、五见爱你一生、六见护你一世"的稳定关系。

爱情三角：
什么才算"对的人"？

我们刚探讨了一见钟情，类似这样的爆发式好感，虽然可能带来电光石火间产生的爱情，却不一定是所有爱情的正确答案。

因为你身边真正适合你的理想型，不仅需要有一见钟情所代表的激情，还需要另外两个完备的要素，才能真正成为那个"对的人"。

我们都知道，真正的爱人带来的感觉，就是"爱"，但不理想的人带来的感觉呢？好像也不是恨，对吧？

那是因为，**爱的反义词不是恨，爱的反义词是冷漠。**

先说个我的经历——它能解释，为什么"没感觉"是我们见不到理想型的最大阻碍。

为了庆祝某次结婚纪念日，我与妻子选择在第一次共进晚餐的餐厅重温一下曾经的美好时光。不一会儿，隔壁桌落座了一男两女。其中一个看上去很是热心肠的女士，把另外两人引入了能彼此对视的座位，自己又一屁股坐在了边座，与那对明显初次见面的男女保持着同等的距离，友好而刻意。

不用专门去听，从引见双方的热情劲儿，就能看出来这是一次相亲。短短半个小时后，男子很礼貌地起身离去，热心女士赶紧挪到了闺密的旁边——

"感觉怎么样啊？"

"没感觉。"

"上次就没感觉，这次还没感觉？到底要来个什么样的，你才能有感觉？"

"反正没感觉。"

媒人知道了，这又是一次瞎子点灯白费蜡的相亲，索性不说话，狠狠地拿刀切着牛排，埋头吃起来。

我偷偷对妻子说："如果有一天，你对我没感觉了，别跟闺密说，我希望我能第一个知道。"

妻子说："如果有一天，我对你没感觉了，我才懒得搭理你提这事。"

我俩有点不顾场合地笑了起来，余光还看到热心女士从一块块牛肉中抬起头来，朝我们这个方向白了一眼。

心如鹿撞的时候知道这是真命天子，比如灰姑娘和王子；就算有些讨厌也有可能终成眷属，比如韦小宝和曾柔。怕只怕——没感觉。

来时不厌、去时不念的人，当不了爱人。

你身边的那个人，虽然不是你的理想型，但往往也不是你恨得牙痒痒的人，可他一定是个你没那么在乎的人。

那怎么办，才能定位自己真正严肃的爱情，有一段真正在意的爱情呢？

第一，你要搞清楚自己到底喜欢什么样的——在这一点上，我帮不上太多忙，毕竟各花入各眼。

第二，就要依托爱情心理学的研究成果了——与你之间的交流，具备哪些元素的人才是真正合格的理想型呢？

美国耶鲁大学的心理学教授罗伯特·J.斯滕伯格（Robert J. Sternberg）的"爱情三角理论"阐述了构成稳定爱情的三个要素，而这三个要素恰恰是"爱无能"的情感冷漠与"对的人"的热情投入之间的差距所在。

第一，亲密：是良好感觉体验的基础。

在身体上接受对方，与在心理上接受对方，是相互促进的。没必要反感合理的肢体接触。大城市里的很多人，除非礼节性的握手以及挤地铁，否则绝难与人有肢体接触，一年来摸自己最多的人怕是只有机场的安检人员。更有甚者，揣测着世人都有一双咸猪手，极度介意和他人产生身体上的触碰，于是选择面若冰霜，拒人于千里之外。很多冰山美人可能看似冷峻，实则热情，倒也不至于招惹到谁。关键是还有不少由内冷到外的纯粹冰山，反感着正常的肢体接触甚至朋友之间合理的亲密行为。

在身体上已经拒绝了他人，又如何能在情感上接受他人呢？

NBA 的球员扣进一个好球，不是总要转过身来跟送出助攻的队友狠狠击一下掌吗？就算队友已经不在近旁，也一定要伴以深情凝视地远远一指，做一次隔空的亲密接触才算够意思。我们的民族比较内敛，但是我们的个体没必要因为民族的内敛而变得自闭。对合理亲密的反感，同样会把爱情的机会拒之门外。

第二，激情：是爱的催化剂。

很多人以自己的理性和精明为荣，不过在激情四射的爱情中，请允许自己一定程度上摒弃理性。

"爱情"之所以叫"爱情"而不叫"爱理"的一个重要原因，是在这一领域，比起讲理来，讲情的效用更为明显一点。对一些失恋的人而言,"要不要把前男友/前女友送的礼物还回去?"是一个令人分外纠结的问题。这个问题之所以成为问题的重要原因,就在于提出这个问题的人在用一种过分理性的眼光看待自己的爱情——就像做生意或者借贷款一般——现在我们不是恋人了,那什么东西该不该还,什么东西该不该留,还多少,留多少,算不算折旧,这东西我俩一块儿买的是不是要还他一半。思考这个问题太缺乏实际的意义,它充满理性的条条框框,而没有爱情应该有的那种游刃有余。这种情况,你完全可以随性一点,甚至任性一点——你想怎样就怎样,通通还给前男友/前女友,一股脑儿全扔掉,甚至找个安全的地方都烧了。你想怎样做都可以,唯独不要纠结于这个问题本身,因为在纠结这事的时候,你就被自己的理性给坑了。

如果只有对爱的审计、精算、评估,而没有冲动、激情、忘乎所以,甚至自以为是,那就没有对爱情的控制。

第三,承诺:是关系发展的保障。

非常多爱无能的表现是"爱无力",而"爱无力"最典型的表现之一在于对承诺的逃避。

很多情侣分手的原因在于其中一方的逼婚,而另一方对"你就从了我吧"不堪其扰。诚然,逼人就范与情感绑架都有值得商榷的地方，但是对承诺的恐惧是从爱无能走向爱情控的一个重要关隘。不畏亲密，足够激情，却惧怕承诺的人群，恰恰成了一夜情的土壤与主要消费者。爱也是讲究可持续发展的。恋人的关系往往是通过告白或者仪式性的行为确立的，这种关系的养成是需要资源与灌溉的。

而培养爱情的重要资源便是承诺，从"下班回来买颗白菜"到"待我长发及腰，少年娶我可好？"都是依托或大或小的承诺对亲密关系的培养。金婚的老夫老妻之所以能够感动人们，并不是因为他们已经无法身体力行的亲密与激情，而是靠的对承诺的坚守。当爱情发展到了最终的阶段，亲密不再，激情退去，维系着真挚情感的只有韧如丝般的一线承诺。

为什么身边的人往往不是"对的人"？究其原因，是我们对人家在乎的程度实在不够强。要想有一段大家都在乎的高质量亲密关系，需要三个要素：亲密、激情与承诺。

话轮技术：
让话题自己转起来

很多人问过我：约会时，该和对方聊些什么？我好不容易找了个话题，可没讲几句就把天给聊死，在尴尬而不失礼貌的微笑中结束了，这可怎么办？接下来，有一个原则、三条注意事项，帮你击破约会尬聊综合征。

注意，我们这里讲的是怎么聊天，而不是如何"聊骚"。约会的目的，是培养真正的感情，而不是想搞定对方。

别说约会了，即便是日常会话，我们也经常陷入"不知聊什么"与"不知怎么聊"的窘迫情况。比如你搭别人的车，才聊两句就发现实在没话说。车厢内陷入了无边的尴尬，你知道看手机不礼貌，可还是拿出来默默刷。再比如初次见面，你和对方聊天，没有评估好对方说话的节奏。对方话还没说完，你就抢话插话。两边同时开说，就会尴尬而不失礼貌地示意一下对方"您先说您先说"。还比如跟不太熟的人，也只能说一些片儿汤话：比如天气真好啊，今天路上真堵啊。说了一大堆，最后你俩谁也没记住谁。这些问题都有可能在约会中出现，拉低约会的质量，让脱单遥遥无期。

要想在约会中好好说话，你必须掌握"话轮技术"。话轮是由美国社会学家哈维·萨克斯（Harvey Sacks）提出的概念，指的是二到多人交流时，每个人在自己轮次里面的连续表达。

聊天时，你觉得什么时候该说话，对方什么时候说完了，自己应该说多久——这全都离不开"话轮"。**这个技能之所以重要，是因为约会中只要有一个人掌握话轮，就能两个人同时受益。**

♥

我上大学时，流行跳交谊舞，就是男女捉对"一哒哒，二哒哒，三哒哒"的那种。当时学跳舞，男生是大一届已经会跳的师姐带着跳，女生是师哥们负责带。不是师哥师姐要占师弟师妹们便宜，而是交谊舞非得手把手教才学得快。一群不会跳的看着学，学半年他也学不会。只要有一个舞伴会跳，带着另外一个，这学起来可就进步神速了。

运用"话轮技术"，有点类似带人跳交谊舞。对方会不会无所谓，只要你会，情况就差不到哪儿去。

聊天时插话抢话，突然冷场，喋喋不休招人烦，自己还不知道，这都跟话轮没转起来有关系。那么，怎样高效利用话轮技术，让话题自己转起来呢？你必须遵循优质话轮的相当原则。

所谓相当原则，指的是在交流时，要注意双方说话时长相当、注意力投入相当、地位相当。

你不喜欢跟说个没完的人交流，聊天跟听课一样；也讨厌跟高冷的人对话，你都不确定对方有没有在听；更反感和那些发号施令的人说话，感觉好像你欠了他五百万；至于全程被崇拜，更会觉得浑身上下不自在。

为什么？就是因为在这些交流中，没有遵循相当原则。一旦双方的对话在内容、注意力投入、沟通地位上有了太大差异，话轮就会像缺乏润滑的齿轮，没法顺畅运转。

了解这一点，你就知道约会中该怎么把握聊天的火候了。

第一，不要说太多，也不要听太多。

聊天时，有的人倾向于表达，另外一些人倾向于倾听，这很正常。可在约会中，我们要尽量把双方表达时长控制在五五开或四六开上下。

交流就像打乒乓球，你打过去，他打回来。如果一方不挥拍子了，这球就打不下去。为了更好地引导话轮均等运转，你可以尝试以下的沟通技术，它的公式化表达是这样的："**表述自身资源与观点，再以好奇心抛出一个半开放性问题。**"

比如我是学心理学的，可以跟约会对象说："我最近在看《未来简史》，这本书其实并不是心理学著作，但我一直觉得吧，如果学哪行就只看哪行的书，容易让人对事物的认识变得狭窄，所以我也看看社会学跟人类学的书，对其他挺多学科也有点兴趣。我有个问题一直搞不懂，你说经济学跟金融学到底有啥区别？你是学金融的，能给我讲讲吗？"这样既不至于让自己的话显得太"水"，也给对方提供了很好的交流切入点。对方只要对你这个人不反感，是很容易接过话茬儿，让话轮继续运转的。

第二，不要高姿态，也不要低姿态。

如果约会对象总觉得你太强势，那你一定要注意在聊天时减少使用"锁闭型发问"，也就是那些只靠是、否就能回答的问题。这样的问题本身就很有压迫感，有的人会习惯连续问几个，这就让你显得非常像审问而非约会。

比如相亲三连问："你有本地户口吗？""你是在这里长大的吗？""那你家城区内有房吗？"就显得情商很低。

同样，如果你不想让自己的姿态太低，就要注意在交流时不要出让所有的选择权。"吃啥都行，喝啥都好。""哦哦，我都可以，你看着办。"这样的话，适当表达是有礼貌，但是把选择权全部让给对方，就会导致自己姿态太低。保有足够选择感的同时，也要敢于否认对方的一些观点，不要刻意逢迎。不要太在意这会不会让你留下不好的印象。凸显自身的独立人格，照样是很有魅力的事情。同时，对方说句话，你就"嗯嗯嗯"，反而不能让话题深入下去。有时候，"我不这样想"，才能进一步让沟通继续，话轮转起来。

第三，保持高投入，引导对方也能够高投入。

我跟老婆每天晚上去幼儿园接儿子，都会在幼儿园门口聊上一会儿。有一个孩子的奶奶很羡慕地跟我们说："你们两口子真亲密，我们家儿子儿媳妇天天回了家就各自玩各自的手机，孩子也没心思带。"各玩各的手机，其实就是"低投入"的表现。

如果你处于剃头挑子一头热的情况，那就要注意保持自己的高投入，激发对方的高投入。为了引起对方兴趣，很多人会下意识地展示资源：我名校毕业，月薪多少，有房有车，如何如何。对方倘若不拜金，其实未必吃这套：你的钱又不是我的钱，跟我有什么关系？没资源的可能就天南地北地胡扯，这样容易让对方抓不住重点。

  为了让话轮继续运转，请注意要在你的话里表露"观点"，而不是太多"内容"。"观点"是能够激发情绪和参与动机的——哪怕这种被激发的情绪未必是好情绪。这个观点如果跟对方有一定关系，效果往往就更好了。不管是认同还是不认同，对方都一定先要了解你的观点是什么以及你为什么要这么想——这样一来，就倒逼他要投入对话。而对方给你的反馈，也会引导话轮继续深入。

  前几天，我的一个朋友出门约会，但姑娘明显对他不感冒。聊着聊着，我这朋友谈到北京房租飞涨，还说了自己的一个观点：房租涨这么高，让租房客要么逃离，要么咬牙买房留下还贷。同为租房族的姑娘一听就来了精神，她很认同这个观点，最近之所以对相亲没兴致，就是因为琢磨还要不要留在北京。很快，前20分钟的尬聊一扫而空，两人相谈甚欢，约会成果显著。

  话轮嗖嗖转起来时，你还要提醒自己：话轮是很脆弱的，能打断它的东西很多。老师讲课你走神，领导开会你在笔记本上画小人儿，跟人谈话突然来电话了，这些都是话轮被打断。

所以，约会时，请尽量减少外界的干扰和潜在干扰。谈话跟睡觉一样，有的人入睡快，睡得深；有的人入睡难，还睡得浅，但凡有点风吹草动，就睡不踏实。跟你处了十几年的铁哥们儿，跟你关系非常好的闺密，你们的话轮往往能又快又好地迅速深入。但约会时，你跟对方不熟，话轮的深入需要慢慢完成，而且极容易被外界干扰。所以，别以为说话只跟内容有关，要想话轮转得好，在环境上先要下功夫。

首先，约会环境要单一，不要嘈杂。 外界干扰太多，自然会影响对话持续与深入进行，话轮就没法顺畅保持与延续。如果你找一个什么都没有的空间，只有你们两个人，又会显得非常尴尬。所以，"环境单一，不要嘈杂"成为约会对话环境的首选保障。

人们相亲时爱选择咖啡馆和西餐厅，这不是没道理的。少见有人第一次相亲选择重庆老火锅与麻辣小龙虾，就是为了保障交流的环境既不至于显得奇怪，也不至于影响大家办正事。

其次，选择无意识加工就能完成的事情。 干巴巴地为了聊而聊，很容易让彼此局促、尴尬，不知该说点什么。约会时，最好能选点"边聊边做"的事情，最好通过无意识加工就能完成，这能让你把主要的精力与认知资源放在好好聊天上。

人们喜欢约着一起吃个饭,实际上吃饭时的交谈往往才是大家更看重的东西。我有个朋友发了条朋友圈,我觉得写得很好:两个人吃饭那才叫吃饭,一个人吃饭那叫吃饲料。吃东西是件不需要有多么大脑力投入的事情。初期约会时,最好也做些不用太费脑子的行为,比如吃饭、轧轧马路、喝杯下午茶。

在这个阶段,很多人觉得投其所好能起到最好的效果,所以一起拿出手机开黑,或者陪着逛街买衣服——但我并不建议。你们可能的确玩得很开心,但这些事情很耗心力,这会让你没法有机会跟对方真正深入交流,塑造一组逐步深入、持久耐用的话轮。

这里我要专门讲个老生常谈的事:**约会时请务必把手机收起来。**从最新的研究来看,手机对于当代人交流中的话轮,产生了不可忽视的负面影响。某知名视频网站曾做过一个互联网调查:"中国女生最讨厌的男生行为"。排名正数第二的就是"约会时候玩手机"。手机的确很好玩,你接触到这本书,甚至买这本书,都很有可能是通过手机作为媒介的。但在约会中,我建议你把手机收在自己的包里——注意,不是放在桌上，不是调成静音，而是放进包里。

麻省理工学院的教授雪莉·特克尔（Sherry Turkle）在实验中发现，手机会让面对面的两个人聊的内容更加肤浅。只要桌子上放着手机，哪怕屏幕不亮，也没声音，一副人畜无害的样子，只要人们看到了，就会降低面对面交流的沟通深度与沟通质量。

你出门约会，目的是什么呢？从相亲，到约会、谈婚论嫁，都离不开你一言我一语的交流。你觉得，这些交流的目的又是什么呢？

有人会说相亲是为了"拿住对方"，约会就要"搞定对方"，谈婚论嫁就要聊聊谁家出房子，谁家买车子。也对也不对。

放到更深的角度，**所有这些交流，以至所有跟对方的谈话，都是为了达到一个目的：和对方达成一定程度的共识。**认识到了这一点，你对"约会时聊什么"的领悟，就要比别人更深一层了。

想让约会不尬聊，交流顺畅愉快，你必须掌握话轮技术，让话题自己转起来。约会时，双方说话时长要尽量相当、注意力投入相当、地位相当。尽量选个安静无干扰的地方，做些不费脑子的事情。还有，请务必把手机放进包里。

资产主观评估：
有趣才是最重要的"资产"

接下来，我们要讨论一个很现实的话题："钱对爱情到底意味着什么。"在这里，我想说的是：物质不能兑换爱情；爱情，赋予了物质更深的意义。

有句话大家可能听过："谈钱伤感情，不谈钱没感情。"

送礼物要掏钱，一起旅游要花钱，看场电影，至少得付得起电影票吧！无论何时，也不论何地，恋爱都和钱分不开。更何况今天的人们，靠着耳闻目睹、耳濡目染，多少都接触过看重金钱财富的爱情观。

你肯定也听过这句话：经济基础决定上层建筑，没钱的人，不配有爱情。

但我想告诉你：**对真爱来说，钱没那么重要；但是钱，的确可以衡量这段情在你心中的分量。**举个例子：钻石只是一块石头，不算高价值投资品，但是戴在无名指上的钻戒，是男孩子给女孩子巨大投资的标志性印记。

我以前待过的一家公司，年轻女孩很多，所以我每年都要参加好几场婚礼，出许多次份子钱。女孩子们结婚前，总会谈到的一个话题，就是钻戒多大，多少克拉，有几分。说实话，什么样的钻石算几分，我到今天一直不清楚。

我们都听过这样一个段子："他给你花了一百，我给你花了十块，但我更爱你。因为他有一万，给你花了百分之一，而我，只有十块，倾尽所有。"这话听着让人感动，其实也和我想表达的意思有关：钱对爱情来说，它的价值超越了购买力。花大价钱买枚钻戒，起码说明这样两点：第一，你买得起；第二，你愿意给她买。买得起固然能让对方开心，但是愿意买，更让人有安全感，因为这起码证明了，你对我要比钱对我重要得多。

这才是金钱对于爱情的核心意义，可惜现在很多人把这道理给搞反了。

我对钻戒的认识，并不来自心理学家，而是来自给我和夫人主持婚礼的神父。

筹备婚礼时，我和妻子一起去见了这位神父。他指导我们策划了婚礼流程之后，还特意嘱咐了几个要点。其中一个就是：交换戒指时，不可以用钻戒，甚至金戒与铂金戒也不行。这是为什么呢？神父解释道，只有结构简单、外形朴素的指环，才能阐释交换戒指的意义，象征婚姻信条对人的约束。而钻戒太强调物质价值，它不适合出现在婚礼这种强调情感联结与契约精神的场合。

我非常认同神父的说法。我周边越来越多的人，在交流男友求婚时奉出了几克拉的钻戒，可这枚钻戒蕴含的信任与爱，却没有摆到桌面上，被物质外壳掩盖了。最后，我在某家知名电商平台买了一对钢戒。它结构经典、纹路简洁，包邮到家，一对花了240元钱。我的妻子第一次戴上它的时候，把新娘妆都哭花了。我想，应该不是戒指太便宜导致的。

不是信物给了爱情价值，而是爱情给了信物价值。

加拿大社会学家约翰·阿兰·李（John Alan Lee）采用了一种非常特殊的研究爱情的方法，来确定到底是什么要素可能构成爱情最重要的部分。他从几百部小说中，总结出了4000种可能出现在爱情中的元素，并将这些元素划归并编制成一套体系严谨的问卷。约翰紧接着针对加拿大及英国的情侣们投放了大量问卷，在最终的统计结果中，物质因素与经济条件并没有出现在第一梯队中。

严肃认真的爱情中,双方往往能够接受彼此是"潜力股"。你现在有多少钱,并不像大家说的那么重要。你要知道,你舍得给对方,为爱情砸下多少资源,这可是非常重要的。

我给你最直接的建议就是:把财富靠谱地呈献给你青睐的对象。

这听上去好像要求你向女友保证"买了房一定写你的名字",实际上没这么简单粗暴。

好钢用在刀刃上,为了收获严肃纯真的爱情,钱要这样花:

首先,钱花在体验上,比花在实物上值当。你给对方买辆车,总不能把名字刻上去吧;就算刻上去了,车不还是车吗?如果你们一起去旅游,这次出游的目的地你俩之前都没去过,而且旅游体验超级棒,你们彼此就留在了双方对这里的所有记忆中了。

我们之前讲过,亲密关系的成长,很大程度上来自情侣间深厚的友谊基础。也许他们还没到恋爱这一步,就已经以同学、同事、朋友的身份,分享了很多共同的经历,于是友谊随着时间的推移缓慢而平稳地过渡为爱情。同理，把钱花在双方分享的共同体验上，而非实物化的礼物，反而给关系的成熟提供了更多的情感资源。毕竟，你给对方买个礼物，充其量只是花钱。如果你在花钱的同时，还分享了体验，你们彼此还投入了时间、情感、精力——这种深度可不是单独花点钱能比的。

其次，花在关爱上，比花在享受上值得。 爱情进一步发展的重要动力之一，就是无私的关爱。给心爱的对方花钱，兑现你的关爱，是不是感觉特别好？一起吃饭、泡吧、喝奶茶，诚然都是花钱的好方法，如果能给想减肥的他报个私教，给酷爱某个乐队的她买张签名专辑，给不解风情的他上知乎买一下我们这个课，你看，增加了关爱的属性，这钱花得便多了一些温度。

对爱好的投资、健康的投资、个人精进的投资、家庭的投资，其实都算是关爱。在这些方面，有很多值得花钱的地方，并不是潮牌、珠宝或奢侈品才是花钱的主场。

最后，很多时候，一起省钱，比一起挥霍更能培养爱情。 不要认为与财富有关的互动只有花钱，其实一起省钱，也特别能促进感情升温。那么，该如何分配双方收入与理财的比例，才能达到培养爱情而不是毁灭爱情的效果呢？

不同的情侣适合的分配方法各有不同。不因为钱的问题吵架的情侣,却分享着这样的共同点:他们对怎么理财这件事,总能达成共识。一方斤斤计较一毛不拔、另一方大手大脚挥金如土的情侣,特别容易吵架闹变扭,陷入感情危机。对刚刚坠入爱河的情侣来讲,谈一起攒钱还为时尚早,但是我觉得你有必要一开始就明白:不是只有花钱才能培养爱情。

还需要提醒大家的是:"谁有钱就谁掏钱"不是一种正确认知,"没有钱也要硬掏钱"更是错上加错。恋爱讲究你来我往,可不能只让一个人出钱,一直薅对方羊毛。纵然双方经济实力差距很大,老让一个人出钱,你们爱情的小船也很可能会翻。

没钱就少花点,有钱就多花点,但不能因为没钱就不花,有钱就包圆。如果你是比较有钱的那一方,哪怕你是自愿地全买单,也要注意这种行为会让对方感到被动;如果你是相对缺钱的那一方,纵然对方非常热切地想付账,你也要注意这会造成双方地位进一步的不平等。

总之,物质不能直接兑换爱情。恰恰相反,是爱情让物质的存在与分享拥有了更深层的含意。也许我们应该试着做到:不再过分依靠物质来弥补安全感的缺失,而是通过一段让人享受其中的爱情，来维系生活的从容不迫。人们都知道，家是心灵与身体的港湾，能停泊万吨巨轮，也能栖息独木小舟。只有物质，没有灵与肉的体验，永远不能成为你的最终母港。

金钱与爱情的关系，不像很多人说的那样本末倒置。爱情赋予信物意义，而非信物赋予爱情意义。除此之外，恋爱中好好花钱，还有四个参考标准：花在体验上，花在关爱上，省钱也有用，两人一起花。

Chapter 2 高情商沟通：约会的正确打开方式

社会交换：
斩断不切实际的单相思

接下来，我们要谈谈"暗恋"这个话题。如果你正在暗恋中，下面的内容可能未必让你舒服，但一定会帮你更好地梳理现在的情感状态。

爱情容易让人盲目，但暗恋比一般爱情更容易让人盲目。我们接下来就要击破它，理性地分析一下暗恋这种有点奇怪的爱情模式，并给出一些方法，帮你决定是要迈出一步呢，还是早死心早好。

首先，你要知道一个残酷而实际的现实：爱情除了是一种化学反应之外，还是一种交易；而暗恋，则是一次买卖双方极度不对等的交易——一方什么都愿意给，另一方则可能什么都不想要。

下面，我们就要从社会交换理论的角度，用公式和代数计算的形式来换算"暗恋"这种爱情。

20世纪后半段,学者哈尔·凯利(Hal Kelly)将爱情心理学和经济学嫁接起来,提出了一种解析亲密关系的全新理论,这就是社会交换理论。不同于那些特讲情怀的爱情理论,在这个理论中,每个人都在用经济学者的眼光追逐爱情,用理性现实的态度评估爱情,用趋利避害的动机决策爱情,亲密关系简约得像商场里的一件展品。

这里暂且不论"社会交换理论"是否过于冷酷和不解风情,我们在现实中,确实可以观察到不少人秉持着这样的观念:亲密关系就是权衡利弊,对他们而言,真正强调的是理性的动机与决策。在这段关系中,无论感受是好是坏,是甜蜜还是痛苦,都能界限分明地把动机从感受里择出来。

支持"社会交换理论"的心理学家们提出了一系列与爱情有关的公式,我挨个讲给你听。

第一个公式,是整个理论的基础:盈利 = 回报 − 支出

这里的盈利、回报与支出,同时都包含着两层含义:物质与情感。如果一对有孩子的夫妻想要离婚,那么无论是亲朋好友,还是居委会大妈,以至民政局的调解人员,毫无悬念,大家第一句劝解的话往往是:"你们多想想孩子。"而这句话的深层意思是：你们多考虑考虑利弊。这无形中会强迫当事人对离婚的利弊再一次进行严肃的权衡，不得不把自己的现实情况套进上面的公式里。

暗恋也能往这个公式里面套。为什么暗恋者付出了心血、时间，甚至财富，经历了漫长的"酸酸甜甜，有点咸，还有些苦不堪言"的单向之恋，仍然深陷其中无法自拔？因为暗恋就像一场投资，在这场投资里，他们有失有得，有当下的巨大付出，也有对未来的美好愿景。对他们而言，这场投资给他们带来了真实的或虚拟的盈利，这也是让他们坚持下去的动力。

我举个例子。你看一个小小的卖双色球的投注站，在烟雾氤氲中，天天那么多人怀揣着发财的梦想频频投注。他们当中能获得五百万的少之又少，可这丝毫不影响他们的热情和对梦想的投入——你不让他买彩票，他倒真难受。

很多暗恋者和投注站的彩民心态是一样的，每天都在翘首以盼妄想能中奖，一次又一次的求而不得并没有让他们热情消退，因为在等待开奖的过程中所掺杂的情感成分和接近窒息的那种刺激感，以及开奖后强烈的落差和失望，已经超越了物质带来的体验。暗恋这件事本身及其带来的心理感受，无论这种感受是积极的还是消极的，对他们而言都是一种收获。

暗恋者在多次爱而不得的打击下能否继续坚持下去，其实是一场"回报与支出"的衡量，是一次以"盈利"为参考的决策。虽然这场投资的支出很多，回报很少，感受很消极，但是只要有"盈利"，就能让他们做出"坚定不移地走下去"的决策。要知道，在爱情里，感受如何与动机怎样完全是两回事。并不是天天吵架的情侣都会分手，也不是日子过得平平稳稳的夫妻全都能白头偕老，而大多数对婚姻并不满意的人还是选择了把日子凑合过下去。因为维持亲密关系是衡量了支出和回报之后做出的行为决策，就算相处得不愉快，也未必要离婚——毕竟除了爱情本身，还有太多的东西要考虑，也就是说，感受如何只决定了你对关系的满意程度，而动机怎样决定了你最终的行为决策。

从第一个公式来看，暗恋似乎是划算的，至少对暗恋者来说是划算的，因为有所得，所以有坚持下去的动机。我想说的是，如果亲密关系仅仅靠着"盈利"维持，那么这段关系真的只能称作"交易关系"了。试想，如果夫妻感情已经破裂，但是为了家庭，勉强维持下去，回到家要不就是拳脚相向，要不就是冷漠以对，家不成家，成了生活的火葬场，这样的日子过一辈子，估计换谁都会绝望吧。因此，想让关系更亲密，就不能局限在维持和交易上，光靠得失来决策虽然理智，但缺乏温度。全方位地提升关系满意度，才能达到双赢。

那么，现在请允许我介绍第二个公式：

关系满意度 = 盈利 – 对比度

这里的对比度，指的是在这段关系中，双方在关系主导权上的差异，简单地说，就是强势与弱势的对比程度。

在暗恋这种爱情模式中，双方的主导权差异巨大，暗恋者在这段关系的各个方面、各个层级都要明显低于被暗恋的对象，也就是说，暗恋者是被全面碾轧的那一方。被暗恋对象的一颦一笑都可能对暗恋者产生巨大影响。即便暗恋者在被暗恋对象一米开外的地方不小心掉进坑里，也不一定能触发被暗恋者的怜悯和关注，被暗恋者甚至可能还会将这个小插曲当作与朋友们聊天的段子。所以，对暗恋者来说，地位很低，弱势很明显，对比度的数值很高，即便在暗恋中获得了微薄的盈利，也无法有效提升关系满意度。

因此，如果暗恋者不能打破暗恋这个僵局，降低对比度，提升自己的主导权，就只能永远当备胎或者隐形人。这样看来，暗恋是一种"作"，是自我折磨，是给自己的生活找不痛快，是一场有钱赚，但是被甲方身心凌虐，到头来把自己弄得体无完肤的投资，或许赚的还不够支付医药费。

更残酷的是，暗恋者决定在一棵树上吊死，而被暗恋者却拥有一片森林。也就是"对比度"引申出来的另一个与暗恋相关的指标：候选对比度。

所谓"候选对比度"指的是在情感状态中，一方对另一方不可替代的程度的差异。比如我正跟你谈恋爱，可你屁股后面有一个加强排的备胎等着随时接盘，而我只要一分手，就变成单身狗一名，直接没了后路，那咱俩的"候选对比度"就很高。

在暗恋中，这个数值同样也很大：暗恋者对被暗恋者来说很可能无足轻重，被暗恋者作为受欢迎和追捧的一方，往往有着更大的选择空间。而被暗恋者对暗恋者来说却总是无可替代：为这一棵树，抛弃天底下所有的树都未尝不可。

而"候选对比度"与"盈利"共同决定了一段关系的"排他性"，也就是情感不容他人介入的程度。

如下，便是第三个公式：

排他性 = 盈利 – 候选对比度

你看，对一些举案齐眉的夫妻而言，他们从彼此身上都能获取最大的亲密关系盈利，与此同时，他们潜在伴侣的情况差不多，其中任何一方都完全没必要抛下现在已经成熟的关系来追求另一段爱情，这样一来，他们这段情感的排他性自然很高。

而在另外的一些情况中，比如无能懦弱的丈夫与拥有优质事业和姣好外貌的妻子的组合，则很有可能造成候选对比度绝对值的增加——丈夫仅仅把持着妻子的忠贞，而妻子面对着更多的选择。在这样的情况下，即使他们的组合给彼此很多盈利，可惜排他性也仍然稍显单薄。

暗恋则是另外一个典型的低排他性的情况——"你是我的定格，我是你的过客"。暗恋带来的盈利本身就非常有限，更何况候选对比度也惨不忍睹，于是，排他性自然小得可怜，受伤的往往也是痴痴暗恋者。

在对排他性与关系满意度进行比对研究的过程中，我们还可以尝试给一些典型的亲密关系状态进行分类，就像表2-1所示——如果你以前谈过恋爱，你可以看看当时你的恋情是落在了哪个类别里，也许你会顿悟，之前分手的原因究竟是什么。

表 2-1　排他性与关系满意度比对

	高满意度	低满意度
高排他性	稳健的亲密关系	"空壳"爱情；家族联姻
低排他性	短暂而轻浮的亲密关系	暗恋；形同陌路

从表 2-1 里不难看出来，暗恋其实处于一个相对尴尬的位置。它的满意度低，排他性低，而针对暗恋者本身的盈利值还不一定高。这就注定了暗恋模式的未来走向并不被看好，因为还有第四个公式：

情感承诺度 = 满意度 + 排他性

情感承诺度，指的是一个人在当下关系中继续坚持的可能性。

很多情况下，暗恋是一种投下了巨大赌注的一锤子买卖，它最终能博得一个大团圆结果的可能性实在太低了，它的满意度低，它的排他性低，自然而然地，它的情感承诺度也很低——它的成功率和靠谱率实在太渺茫了。

醒醒吧，别在暗恋中耽误工夫了。喜欢人家就勇敢表达，大家都是成年人，不要彼此浪费时间。一直摁下去，非但没有好结果，可能现在已有的关系都被摁断了，到头来还是自己受伤害。

以上也是我给所有暗恋人士的建议。只要你理解了"暗恋不划算"这一点,你就在这个话题上的认识强过了大多数人。

在 1998 年的一项研究中,907 个大学生被研究人员问到了一个问题:"你有没有经历过暗恋、单相思或者其他形式的单方面爱恋的亲密关系?"

超过 80% 的参与者都表示他们经历过,而在那场亲密关系中的他们,主要是本着三个想法投入其中的。第一种想法,是觉得"非他不可"。第二种想法,是觉得"坚持就是胜利",指望能感动上天。第三种想法,就是纯粹的宁愿只是"爱过"。

究其原因,很大程度上是因为今天的文化推崇"坚持暗恋,证明你是真爱"。大量的文学作品和影视作品刻意渲染了"真爱无敌"的观念,死缠烂打、软磨硬泡甚至经年累月的沉默之爱都被塑造成打动对方的撒手锏。在一定程度上,这为暗恋者们留下了一个与真实情况严重脱节的情感期望,他们不知不觉地走到了沟壑的边沿而不自知。小说、电影与漫画里面的暗恋成功,在现实生活中是很难复制的,请你务必注意。

总之，我没有太多的建议提供给处于暗恋之中的人——劝你坚持肯定是不负责任的，祝你幸福的话我也说不出口。我只能寄希望于上面实打实的公式，能告诉你这样的解决方案：要么沉默离开，要么勇敢摊牌。如果这么做了，最差又能怎么样？在我看来，最差的结果也比一厢情愿的沉默付出要好。

我们谈完了暗恋，我也给出了简单粗暴的建议。更重要的，我们谈到了一种平时人们不具备的看待爱情的视角，它由几个元素构成：盈利、对比度、关系满意度、候选对比度、排他性和情感承诺度。在我看来，这些指标就是评估与衡量爱情的可视化指标。你掌握了这些指标之后，不仅能让你理解暗恋的弊端，还能让你更好地解析其他形式的爱情——哪里是短板？哪里有风险？哪里需努力？总之，盈利越高越好，对比度越低越好，关系满意度越高越好，候选对比度越低越好，排他性越高越好，情感承诺度越高越好。总之，爱情虽不是买卖，但多考虑有益无害。

巴纳姆效应：
算命的说我俩不配，怎么办？

做我这行，有一类很尴尬的事，发生得挺频繁。

曾经有个女生找过我，说："算命的说我们俩属相不合，占星的说我们俩星盘不配，但我们真的彼此相爱。老师，你怎么才能让我们又合又配？"

对此，我非常无语。

因为在爱情这个事上吧，说真的，星座、算命什么的，不靠谱。

我们来举个例子。

"我曾经因为过于宠爱我所爱的人，以至于伤害到了我自己。"

你有没有因上面这句话而产生共鸣？这句话出现于多个"星座解读"与爱情相关的内容中，却在不同的场合用于形容不同的星座——这句看上去充满个性描述的话,似乎也能作为对每一个星座都有的到位评价。

很多看上去具体的刻骨铭心,其实谁都经历过。一旦旁边有一个声音告诉你这是你个性化的感受,听上去难免还是挺受用的。毕竟,人们很容易误以为自己的爱情太波澜壮阔。

有些人深深地痴迷于星座,认为出生的日期决定了一生的运程——尤其是爱情。射手座与双子座更花心,狮子座更爱在恋情中掌握主动性,而白羊座凡事都以下半身思考。

对心理学了解不深的人,误入星座神秘学的领域难以自拔,这很好理解。因为人们对于自身生命发展的轨迹充满了未知,总要寻找一个可靠的角度,来给自己安神定心,星座只是其中的一个具体表现形式罢了。

"但是它真的很准!"也许会有人发出这样的反驳。

1842年,菲尼尔斯·泰勒·巴纳姆(Phineas Taylor Banum)在美国纽约开办了"美国博物馆"。这个所谓的博物馆虽然有一个看上去非常高端的名字,实际上性质和马戏团差不多。它里面有着非常多怪异而奇特的展品,其中包括在考古界曾经轰动一时的斐济美人鱼。事实证明,这个博物馆中大量噱头无限的展出物,都是弄虚作假而成。所谓的

"斐济美人鱼"，只是靠混凝纸浆把半只猴子和半条鱼糊在一起的臆造品而已。看到了这些赝品的参观者们，却深深地相信他们看到了难得一见的奇观。游客们的深信不疑以及卖力地宣传，竟然让假货获得了真品的待遇。

所以，心理学家波谭·弗拉（Bertram Forer）选择以"巴纳姆效应"来命名他在1948年的研究发现。

弗拉对他的学生进行了一次毫无依据的人格测验——它只是看上去像个正式的人格测验而已——并给每个人都出具了分析结果。他要求参与测验的学生们为测验结果与自身真实情况的契合度评分。5分代表这个分析与自己完全相符，而0分代表分析内容与真实情况完全不同。学生们所不知道的是，他们每个人得到的所谓测验结果，其实都是完全一样的。弗拉早在测验之前，就从当时流行的星座特质的描述中摘抄了多个星座的特征综合在一起，搜集出即将呈现给学生们的内容。

这段每个参与者都看到的话是这样的：

你祈求受到他人喜爱却对自己吹毛求疵。虽然人格有些缺陷，但大体而言你都有办法弥补。你拥有可观的未开发潜能尚未就你的长处发挥。看似强硬、严格自律的外在掩盖着不安与忧虑的内心。许多时候，你严重地质疑自己是否做了对的事情或正确的决定。你喜欢一定程度的变动并在受限时感到不满。你为自己是独立思想者自豪并且不会接受没有充分证据的言论，但你认为对他人过度坦率是不明智的。有些时候你外向、亲和、充满社会性，有些时候你却内向、谨慎而沉默。你的一些抱负是不切实际的。

最终，学生们给这段话与自己真实情况的契合度打出的分数的平均分是 4.26 分——这已经是一个远远超过弗拉预期的数字了。弗拉的实验已经相当程度地说明，星座描述里的那些话，虽然看着都直指个人的内心世界，实际上具有相当的普遍性。这一效应就被称为巴纳姆效应，是心理学界对星座不靠谱这件事情最靠谱的解释。

在所谓的星座特质脱胎而生时，掺杂了太多的小动作，导致它看上去那么准。

首先，它非常强调正面评价与负面评价存在比例。鲜少有人在某些特质上是非常极端的，这就给了类似"你是一个喜欢交流的人，但很多时候你真的想一个人静静"这样的话大量的市场。在描述中，频繁地使用"但是""不过"与"可是"这类转折词，挑一些人皆有之的方面，正反话全说到，由不得人们不信。

其次，它往往刻意强调神秘感与权威感，"看上去很厉害"，让听到的人产生了不该产生的信任与崇拜。解读星座运程的人总是走偶像路线，而星座相关的书籍和网站，也都刻意渲染其神秘性。这样的舆论导向乱花渐欲迷人眼，很有蛊惑人心的功效。

再次，它的句子通常很模糊，而没有具体的评价。"偶尔""有的时候""一些"等词语都归于此流。凡是看上去肯定的话语，肯定连接着一个并不肯定的对象，导致解释起来能够并不费力——比如某个星座与某个星座并不般配一类的。

一旦参与到对客观世界的真正评估与理性预测中来，星座所提供的信息就越发微不足道。

星座在形容人格方面并不靠谱，关于爱情，其实它也提不出什么更好的建议。

对星座的深信不疑，虽然依然无法让星座更好地形容你，倒是有可能把你塑造成星座所描述的那种人。

占星师们非常反对心理学界的研究砸了他们的饭碗，于是著名人格心理学家汉斯·埃森克（Hans J. Eysenck）与富于名望的占星学家杰夫·梅奥（Jeff Mayo）联手针对梅奥的客户与学生们进行了调查研究。2000多人提供了他们的出生日期，同时也填写了埃森克的人格调查问卷。

对星座持怀疑态度的心理学界希望通过结果证明星座学说只是古老的伪科学罢了，而占星学的拥护者们希望借此充分提升占星学的地位。

让心理学界始料未及的是，调研结果与占星学说中的内容基本吻合。比如，水象星座与土象星座在人格神经质上的差异，一如星座学说中的描述。

埃森克很快就意识到了其中的症结，随即进行了两个补充调查。

第一个调查针对1000名几乎说不出星座与性格之间关系的儿童。这次补充调查的结果与之前调查的结果完全相左——孩子们的性格与他们的星座完全没有联系。

第二个调查对象则改为对星座学说了解程度有很大个体差异的成人。调查发现，对星座和性格之间相互关系了解得越多的人，性格越匹配他的星座，而对星座不那么了解的人，他的性格跟星座就没什么关系了。

星座没有什么神奇的魔法，它只是利用了人们对它的投入来影响与塑造人。它绝无成为你分析你的亲密关系的工具的可能。

这么一来，倘若对星座的表达深信不疑，对自身的爱情状态可就缺乏了掌控。对自己亲密关系的体会和把握，很有可能因为对于星座这类事物的过于投入，而变得肤浅了很多。

不要在亲密关系的任何一个阶段求助于不切实际的东西和指导。如果只是为了求一个心安，完全可以有其他的方法来排遣焦虑。

只有在你对它深信不疑的时候，星座才会准。因为在那个阶段，它已经逐渐将你塑造成了它想让你成为的人。而你的爱情与生活，其实完全可以把握在你自己的手中。

Chapter 3

见招拆招：
磨合期的小矛盾

哪怕是最极品的翡翠，如果放到高倍放大镜、显微镜下，也照样有裂、有纹、有晕、有痕，但是，这不能否认这翡翠还是块有价值的好翡翠吧？

相似性原则：
要相似还是要互补？

有一个词与爱情如影随形，那就是缘分。找不到爱情，说是缘分没到；找到了爱情，说是因为缘分走到了一起；谈着谈着分手了，说是有缘无分。很多人认为，是缘分成就了爱情。那到底什么是缘分？我们该怎么科学地认识缘分，进而利用缘分呢？

1998年，我还是个小学五年级的学生。

那时，《还珠格格》席卷全国，家喻户晓。林心如成了全民女神，赵薇成了阳光女子的代表，苏有朋斩获了无数少女粉丝。尔康呢，暂时还没有沦为表情包素材。

小学高年级的女生要比男生早熟些。课间十分钟，我隔壁桌的女生就跟她的闺密聊天：

"你说我长大了，是嫁给五阿哥呢，还是嫁给尔康呢？"

彼时幼稚的我在心里嘀咕，"这是什么白痴问题，你长得比尔泰都黑，还想嫁五阿哥？"

她的闺密明显有更深入的认识。她说："我倒是不担心这个。我想啊，长大以后，我是嫁个相似的人呢，还是嫁个互补的人呢？"

天问！简直是天问！"相似"还是"互补"，已经远远超出了《还珠格格》的浅显爱情观，直指爱情内涵。

寻爱即选择。追求与被追求，恋爱与白头偕老，一直都在选择与决策。

不少人明白，恋爱即选择，也设立了这样那样的标准。可是一进入真刀真枪的实战环节，就乱了阵脚。你可能罗列了一大堆择偶条件，可结婚那天，很可能发现伴侣根本不是当年想找的那种人——虽然这一点并不妨碍你们现在相爱的强度。

每个人都有自己独特的心路历程，无法依靠心理学的研究成果，匹配一个如意郎君或者完美新娘。但是，一些权威的研究，可以帮助你避免纠结"相似还是互补"，为你设置一个"恋爱闹钟"提醒，避免彼此错过。

这个闹钟就是相似性。相似性不仅是生活风格、饮食习惯，也包括教育水平和种族，甚至涉及性格倾向与价值观。

你可能发现，不对呀，我见到过得好的情侣并不相似。他们总有一个活泼、一个内敛，一个大方、一个节俭，一个端着架子、一个没皮没脸。

确实，如果情侣、夫妻双方吵架了，两个人都端着架子不低头，那么这段关系就离结束不远了。总得有一方插科打诨、不要脸地迁就另一方，把对方从高高的神坛拉下凡间，才能继续维持"只羡鸳鸯不羡仙"的平凡爱情。

这仅仅是表象上的"互补而不相似"。相似性是一个需要系统评估的指标，它不是印象分，而是考察方方面面的综合分。就好比情侣吵架了，主动讲和的一方如果不认同爱情需要妥协，肯定不会伸出橄榄枝；端着架子的另一方，如果没认可爱情需要妥协的态度，也不会高抬贵脚，顺着台阶下坡。如果缺乏相似性，双方甚至很难萌生出爱情的火花。

举一个很简单的例子：你认识"马克·亨利·罗斯韦尔（Mark Henry Rowswell）"吗？相信你一定会摇头，反问"这是谁"啊。可再说起"大山"，相信你一定会恍然大悟。1989年，大山成为第一位登上央视舞台演喜剧的外国人。随后的十年，他正式拜入相声名家姜昆名下，影响力到达巅峰。

完全的陌生容易引来戒备。加上足够的相似性，就能够达到奇妙的效果。

对爱情来说也是这样。互补性可以带来一些魅力，但相似性才是爱情的必要条件。

人们更容易结识与自己相似的人。人们出入的场合，相似的人也经常去。人们更容易发现和自己气场相投的人。从来都没有一个模特给我当过女朋友，我想最大的原因并不是我追求不到，而是我和模特差异太大，接触不到。

这种因为相似性才有可能相识的心理学效应，就是所谓的缘分了。

我媳妇的堂妹结婚时，述说了她的爱情历程。说起来很简单——堂妹坐着绿皮火车硬座去凤凰古城旅游，跟对面的男生相谈甚欢。一来二去，对面的男生也就成了我堂妹夫。

我肯定不会坐着绿皮火车硬座去凤凰古城。这意味着，我肯定不会遇到堂妹这样的女生。堂妹夫能在她对面出现，就意味着他们很相似了。

看着沉浸在幸福中的堂妹，我不禁想：如果她不在这次旅程中碰见这个堂妹夫，我敢肯定，一定也会在别的旅程中碰见别的堂妹夫。

这就是缘分。

哪些相似性最值得我们做文章呢？

第一，是地理上的，所谓近水楼台先得月。

因为相似，才能够接触；能够接触，才可能产生良好的关系。密歇根大学的社会心理学家里昂·费斯廷格（Leon Festinger），研究了马萨诸塞理工学院住宿生们的择友原则。他选择数十名新生作为研究对象，这些新生被校方随机分散在17栋不同的住宿楼里。一年后，距离越近的人彼此间越可能相识，关系越好。**异地恋之所以富于挑战，就在于地理距离削弱了心理上的相似性。**

听到这儿你可能会说：那我见到许多人网恋，他们也不需要在一个地方嘛。网恋呢，是一个特例。它并不强调距离近，在确立恋爱关系时，双方甚至可能没见面。网恋很消磨时间，这在一定程度上抵消了距离的不良影响。我还想说，网恋须谨慎。因为在网恋中，双方所钟情的相似性在事实上未必存在，很可能只是网络加工过的脸谱，一旦发展到线下见面甚至共同生活，感情将面临巨大挑战。

第二，是社会阶层上的。门当户对，很有道理。

门当户对情结，也是对相似性的一种强调。社会学家拉姆与怀特调查发现，**社会中层及上层家庭更强调门当户对，更倾向于干预子女的婚恋选择。**门当户对是否正确，我们不做讨论。在亲密关系的心理学研究看来，它的确是一种心理倾向的具体表现形式。

第三，如果先天相似性不足，可以培养后天相似性，也就是熟悉感。

并不是所有的相似性都是先天形成的。有的相似性可以依靠长期交流与共处培养，这种相似性也有益于亲密关系。对绝大多数人来说，关系稳定发展的可能性大于一见钟情的可能性。培养来的相似性与熟悉感都起到了巨大作用。

比方说，我爸爸以前是个烟民，我妈妈不抽烟，她经常吐槽抽烟这事。在我家里，抽烟有悖于夫妻间相似性的提升。后来，爸爸戒烟不抽了。用今天的眼光回溯，戒烟很大程度上增进了他与母亲的夫妻情感。

我爸除了抽烟，睡觉时还会打呼噜。我妈也曾想让他不打呼噜了。随着时间的流逝，它成了二人生活中互相磨合的漏网之鱼。现在，如果没听到父亲的鼾声，我妈反而睡不着觉了。

♥

法国心理学家罗伯特·萨琼做过一个印证相似性的实验。他把受试人员随机分成两组，分别逐一呈现相同类别、相同颜色的三角形和圆形。其中一组，三角形和圆形出现的频率始终是相等的；另一组，罗伯特逐渐提高了圆形出现的频率。实验者最终提出的问题是："请问你更喜欢那个图形？"最终，看圆形看得多的那组，爱圆形也爱得多。这个效应被称为曝光效应。**你出现得越频繁，就越招人喜欢。**

说一千道一万，我还是希望大家拿相似性来敦促自己进步与成长。总有人说要找高学历的、多金的、长得帅的、温柔的、性格好的——容我说句大实话，如此优秀的人，凭啥要找你呢?

了解了相似性的重要，相信你很容易理解：想找精英，自己先当精英；想找靠谱的，自己先当靠谱的；如果老觉得自己有吸渣体质，也别先着急撑天撑地，先看看自己，是不是哪些地方做得还不到位。

我们探讨了缘分的科学意义，并为"找相似"还是"找互补"给出解决方案：从海量大数据中分析，相似性更能给爱情保鲜。如果想提升彼此的相似性，有这么几个方法：利用地理上的相似性，利用社会阶层的相似性，培养双方的熟悉感以及提升自己的水平和能力。

Chapter 3　见招拆招：磨合期的小矛盾

友谊天花板：
我拿你当兄弟，你却想追求我？

咱们来聊一种扎心的体验吧：朋友以上，恋人未满。说得接地气一点呢，就是"我拿你当兄弟，你竟然想追求我？"。如果想跟朋友发展成为恋人，该怎么击破这堵关系的墙呢？

摇滚歌手史提芬·斯提尔斯（Stephen Stills）在1970年说过一句话："如果你不能和你爱上的人在一起，亲爱的，爱上和你在一起的人总能办到的。"倒霉就倒霉在，和你在一起的人，人家未必爱你啊。朋友和爱人的距离，有时像一层一捅就破的窗户纸，有时又像一块厚厚的防弹钢板。

在我看来，朋友和恋人的区别，约等于喜欢与爱的区别。因为喜欢，大家能做朋友，但因为程度不够，不太容易直接升格做恋人。朋友跟恋人的区别很容易让人揪心。经常有人问我："有没有纯洁的男女关系？""曾经的恋人还能不能当朋友？""好朋友能不能做恋人？"严格地讲，这些问题都超越了心理范畴，涵盖了太多文化与社会的因素。心理学只能提供一些仅供参考的线索。

好在，有些事实已经在学界获得了肯定。

首先，你要知道，**友谊升级成爱情，有着天然的优势和基础。**很多情侣是从友谊逐渐发展而来的。我们在第2章谈到过亲密关系的纵深转变。朋友一般属于"个体关系"和"紧密关系"的层次，在条件成熟时，向亲密关系进行纵深发展是一件自然而然的事情。

其次，你要知道，**让友谊化茧成蝶，升华成爱情的元素，主要有两个：你们彼此间分享的生活交集以及共同经历的事件演变。**说白了，就是"你们彼此知道对方的底细"以及"你们一起经历了不一般的事情"。

朋友变不成恋人，归根结底就两个原因：彼此交集太肤浅，共同经历太乏味。

你可以画个平面直角坐标系，里面的四个象限，应该是这个样子的：

交集和经历，两点都不达标——那就是普通朋友一辈子，永远转不了正。

交集挺深，经历平淡——这就是令狐冲和小师妹岳灵珊，从小一起长大，但没有共同经历过风风雨雨。所以，小师妹就表现出"我只拿你当哥哥"的态度。

经历惊心动魄，交集却毫无深度——就像我有一次坐过山车，旁边座位的陌生姑娘吓得全程掐我胳膊。如今回想起来，我当时的叫声恐怕一半来自过山车的刺激，另一半来自剧痛的手肘。下了车，人家姑娘特别不好意思，还给我买了根雪糕赔罪，然后，就没有然后了。

倘若交集深，经历还有刺激点——这就是王语嫣和慕容复啊！彼此有深入了解，又有着复国大业的幌子，要不是姑苏慕容氏爷儿俩自己作死，王语嫣能看上段誉？

你看，朋友产生于生活的交集——从同事、同学、舍友，到在线同好论坛的成员、你经常逛的书店的店员和总给你送快递的快递小哥，都有成为朋友的可能。有的人之所以能超越朋友，成为恋人，可不仅仅是借力交集，更要在挖深关系、增进彼此体验上做文章。

我觉得，恋人比朋友多了两样东西：一个是更深的信任，这来自彼此高水平的交互；一个是强烈的浪漫，这来自共有

体验中对情感的高度激活。

无疑，想从友谊升级为爱情，这两个屏障是你重点需要攻克的难关。

一个是彼此的性吸引。 异性间的友谊并不诱发性吸引。对大量的异性朋友而言，一旦对彼此萌生了不纯洁的想法，恰恰可能是纯洁爱恋的真正开始。亲密关系之所以叫作亲密关系，是因为它与亲密脱不了干系。对我们来说，很多人虽然是非常好的朋友，但你并不迫切地需要亲密接触。

很多朋友，纵然多年不见面，再度相逢时仍然可以嬉笑打闹、把酒言欢。但是异地恋对相当一部分恋人来说，是对情感的巨大挑战，因为距离切断了双方的亲密接触。我有几个朋友，虽然十几年不见，但我们的交情照样很好。而十几年不见一直很恩爱的夫妻，我是真没见过。一旦你发现曾经的朋友产生了性吸引，这说明你已经准备好"更进一步"了。请务必记住：你想跟对方有性接触，对方可未必这么想，对吧？很多时候，贸然出击容易导致关系急转直下，不仅恋人没当成，朋友都没做。不管怎么说，激活朋友间的性吸引，是可以帮助友谊升华成爱情的。

另一个是剧烈的排他性。 友情通常没有排他性，但是爱情有。很多时候，沉浸在友情中的人们追求"人多热闹"的环境，斗地主是三个人，打麻将是四个人，打篮球是五个人，踢足球是十一个人，跳广场舞是一群人——情侣约会吃饭看电影逛公园过日子，一般都是两个人。如果在街上看到一个女生同时牵着两个男生的手，会让人不免从心底犯嘀咕。

当然了，排他性并不仅仅指亲密关系的排他，同时也指亲密关系导致的、针对其他情感的排他——这就是为什么当"电灯泡"是一种极其糟糕的体验，而"见色忘友"也只是因为他们的恋人已经充斥了他们的视线，让他们无暇他顾。很多情况下，爱情是盲目的，排他就是盲目的典型表现。

所以，从友情到爱情，第二个门槛就是排他性。如果在友情的培养过程中，越发感觉另一个人的参与让你们感到不协调、不适应甚至不愉快，那很可能是不知不觉中萌生了爱情。

排他性怎么来呢？最简单的方法，就是在适当的时间点，营造独处的机会。

做恋人的第一步，就是要比做朋友更强调从行为表现到心理状态的一致性。为了清楚两个人在朋友阶段和恋人阶段的差别，堪萨斯大学的临床心理学家夏琳·穆勒哈德

（Charlene Muelenhard）率领着她的团队进行了一个研究。夏琳向召集来的大学生们展示了一系列视频，是一对青年男女在某个公共场合进行交流的录像。这些公共场合从二人都穿着泳装的沙滩，穿着休闲服饰的咖啡馆，直到穿着正装的高端酒会，谈话内容也包罗万象不一而足。在看完视频后，大学生们被要求给谈话二人的亲密程度打出一个分数，以评价二人正处于哪种水平的关系。

研究结果显示，没有一个和谈话相关的指标，对亲密关系的表现水平提供了线索。不管人们聊些什么，或者在哪种场合聊，或者谁说得多一些谁说得少一些——与亲密关系的表现都没有丝毫关系。谈些什么，即所谓"共同语言"的内容和多寡，并没有成为朋友与恋人的分水岭。**"非言语信息"则成了击破友谊界限的核心指标。** 情侣之间，会有朋友通常不会选择的众多表情以及肢体接触。

在这个实验里，观察者对两人关系亲密度评价起到最积极作用的动作是：两个人的距离在45厘米以内；两个人一边笑一边有肢体接触；尤其让人印象深刻的是，在不笑的过程中，两个人仍然有肢体接触，比如长时间地牵手，或者一方在不经意间给对方撩了一下头发。可想而知，"动口不动手"在亲密关系里是不成立的，要想突破朋友圈，"动手动脚"的非言语信息很重要。

真正让夏琳看重的研究成果，是一种叫作行为同步的行为表现，这种非言语信息通常高发于有了相当情感基础的爱侣当中。相较于普通朋友，情侣们会下意识地模仿对方的行为表现，以求达到相当程度的行为同一性。与此同时，**情侣也会追求从大到小事无巨细的一致性，以此来表达和强调关系。**

一方在谈话中前倾身体时，另一方也会前倾；一方伸懒腰时，另一方也会放松一下肌肉；一方伸出手去，另一方也不会立刻就把手抽走。异口同声和会心一笑，也是典型的行为同步。虽然朋友之间也会发生这种情况，但是在亲密关系中会更加高发。

这种行为同步还有更多表现形式——有时候，夫妻相就是其中的一种。夫妻相除了指长相的相似外，也会通过行为、态度和气质的高度一致性加以表现。此外，为了显得更亲密与感情好，情侣们还会刻意追求行为的同步，强调彼此之间的同一性——情侣装的流行就很能说明这种情况。

从朋友过渡到恋人的原则，应该是：**心有灵犀，步调一致。**所谓心有灵犀，就是打交道时，少点自我，多点共鸣，找到更多的只有你俩能明白的点。所谓步调一致，就是要培养更多一致的行为、相似的做事风格和表达习惯。在确定恋爱关系前，请先营造出这样一种感觉。

这一节，我们谈了如何冲破友情天花板，让好朋友变成好恋人。总结下来，无非四个要点：第一，从朋友到恋人，这是个水到渠成的事；第二，交集深、经历多的朋友，更容易成为恋人；第三，性吸引和排他性两个指标，可以帮你评估你们的关系；第四，依托心理与行为上的一致性，可以更高效地促进关系升温。

高情商表达：
不做"烂桃花"收割机

我们都知道，这人情商高了，总是能让跟他打交道的人如沐春风；如果情商低了，一起喝杯咖啡的时间，你都觉得度日如年。

知乎上有个问题，问"你为什么和你的男朋友分手？"，其中有个答案，我一直放在我的私人收藏夹里，时不时在外出培训时拿出来讲一讲。那个答案用一个很经典的对话，阐述了什么叫作男女交往中的情商低下。

男孩子跟女孩子说："亲爱的，找个时间，我骑着我的摩托车，带你出去兜兜风，好吗？"

女孩子则娇柔地回应他："亲爱的，你知道吗？你跟我说话的时候，加个'宝贝'，我会更开心哒！"

男孩想了想，这样回应了她："嗯，那找个时间，我骑着我的宝贝摩托车，带你出去兜兜风，好吗？"

当然，这大概率是个段子，但是，这种交流方式想必你并不陌生吧？情商低的人，简直是爱情的黑洞。要我说，婚姻不是爱情的坟墓，一个没情商的恋人才是爱情的坟墓呢。

在了解怎么提升与谈恋爱有关的情商之前，你要先建立一个认识情商的科学视角。因为说实话，满大街的情商滥用，已经让这个词有点臭大街了，所以，我们先来拨乱反正一下。首先，今天我们所探讨的情商，跟它刚被提出来的时候，已经不是一个东西了。人们对情商的关注，大概起源于美国心理学家丹尼尔·戈尔曼（Daniel Goleman）的畅销书《情商：为什么比智商更重要》。戈尔曼在书中所阐述的观点很简练：人们在工作和生活中的成功，很大程度上不是缘于智商，而是缘于情商——识别并管理自己以及重视他人情绪的能力。

一开始，情商是类比智商被提出来的。你也知道，智商这个东西，就是个一百上下的数。于是，人们也就想当然地在很长一段时间里，套用智商的视角来看待情商：情商就是一种具体而单一的能力，高就是好，低就是差，甚至也能用一个商数来形容和表述。

你要知道，"商"这么个数字，如果高，你就情商高；如果低，你跟人说三句话，人家都想揍你。天底下哪有这么简单的事呢？人是一种复杂的动物，其在社交和情绪上的表现非常复杂，远远不是一个数就能概括的。

倘若真的如此，那我觉得还该有个"爱商"——拿个数字评估一个人谈恋爱的能力，谁的爱商高，咱就嫁谁，咱就娶谁；要是谁的爱商低，那他就活该单身一辈子！

明显不靠谱，对吧？

接下来我要讲的情商概念，则是一个修正后的科学概念了。结合心理学家皮特·萨洛维（Peter Salovey）所开展的关于情商能力模型的研究，恰当行为的情商基础，主要在于如下四个方面，而这四个方面的能力，就是你需要主动和深入培养的恋爱技术了。

第一，是提升自己对情绪的主动感知。

你有没有这样的经历——你回家过年，有个没什么文化的远房表叔来你家拜年，顺便留下吃个午饭。喝了三两酒之后，他开始关注你的终身大事。其实你一开始觉得还好，毕竟是长辈，而自己也的确还没嫁娶，人家说就说两句呗。架不住这位表叔口无遮拦，说着说着开始埋怨你，甚至扣高帽："你这个样子，这么大了不结婚，你让你爸妈在老家都抬不起头来!"甚至开始比起来:"别看我没什么文化,我比你爸还小五岁,我孙子现在都能给我打酒了!你爸呢?"这时,其实你已经有点不高兴了,也不夹菜了,也不笑脸相迎了。对方如果再继续下去,你要是脸皮薄,就离开饭桌了,你要是脾气冲,跟表叔吵一架也没准,对吧?你都那么不高兴了,他居然都没发现,或者他发现了,但他全不在意。

表叔这样的人问题在哪里?说白了,就是情绪感知的能力低下。这一能力,是解读情绪和从当下环境中最大化感性信息获取的重要基础。人们主要依靠它来识别自身与他人的情绪,以调整和优化自己的情绪、表达与行为。在恋爱中,如果缺乏这种能力,就会对追求对象或者恋爱中另一半的情绪不够敏感,自己话说得不对,行为失当了,当事人自己甚至都没意识到。

第二,是更好地去进行情绪运用。

它指的是运用情绪促进自己与群体认知加工的能力。比如一个好的演讲者或者喜剧演员,刻意通过自己情绪的运用,带领观者与听众共同进入一个较高水平的认知领域。优秀的相声演员,以及特别会哄女孩子开心的那些男生,总能很好地运用这种能力,通过自己超越了平铺直叙的情绪表达,给观众带来幽默这种相对高级的认知产品。而平稳一些的情绪表达,则是"暖男"们的武器,有的男性会不自觉地通过情绪运用，营造出充满治愈感的温暖气场。这种能力决定了情绪可以作为影响认知的一个因素，融入关系中。你是不是一个特别不会"哄女孩子"的人？或者你是不是一个总是关怀男朋友的好女友，对方却说"我现在想一个人待一会儿"？说白了，就是因为缺乏这种能力。

第三——注意，我们已经来到了情商中高级能力的范畴——就是培养自己的情绪理解能力，它指的是你能不能理解对方当下复杂情绪的组成成分和强度水平。

成年人不像孩子，他们的情绪往往非常复杂，有的时候因为情绪太复杂，还会导致行为上的纠结。比如"吃醋"这种情绪，它里面有悲伤、焦虑、愤怒和仇恨等多种负面情绪，如果你面对吃醋的恋人，只能意识到"哎呀，她不高兴了"，那就说明你在情绪理解上，还需要多多锻炼。

这个能力不仅包括理解情绪具体含义的水平高低，还涉及怎么领会一种情绪对另一种情绪的诱发关系。比如女友找你去自习，你在玩游戏，心不在焉地草草回复："这把赢了就去！"女朋友一开始其实并不生气，觉得男孩子玩游戏也正常，等十分钟呗。不幸的是，你这把输了，在求胜心的驱使下，你也没报备，就直接又开了一盘。等这盘终于赢了，你兴高采烈地去找女友时，却发现对方生气了。

而且，你这盘玩得越高兴，人家姑娘就越生气。你可能完全不明就里："不就是玩把游戏吗？你至于吗？"对方则没好气地回答："至于！就至于就至于就至于！"你表示无法理解，只能叹气："女孩子好难懂"——其实不是人家难懂。就跟做数学题一样，你要是只会十以内的加减法，二元一次方程你当然觉得难，如果你的能力达到了微积分的水平，你肯定觉得"跑男"里面的明星连个二元一次方程都解不出来，实在是太匪夷所思了。

有的人能够体会到一个眼神中的复杂含意，而有的人却对同样的眼神抱有一个极为简单的解释，这便是对于情绪理解的能力差异的具体表现。

第四，情商的最高级能力，情绪管理能力。

这种能力相对而言更为高级和复杂，指的是能够对或好或坏的情绪都抱有开放的心态，能够监控与反思自身情绪，还能够选择保留或摆脱某种情绪状态。情绪管理强的人，可以选择体验还是压抑某种具体情绪——想必"不以物喜，不以己悲"应该就是其表现之一了。日常生活中，可以依托这种能力丰富生活与加深情感，在亲密关系中，更可以依靠这种能力来增强适应性。比如，某一天，你因为买了新手机而非常高兴，回到家里见到了你的恋人——很不幸，他/她恰恰因为刚刚丢了手机而懊恼非常。这时候，如果对情绪不加管理而恣意发挥，在恋人面前炫耀展示自己的新手机，而没有向对方致以任何关切与慰问，恐怕就是情商低下的典型表现了。

以上这些方法和能力，都会让恋爱中你给对方的那些"实打实的好"增色不少。就像一开头我们讲的那个段子，骑摩托车带女孩子兜风，当然是很好的互动了，而你情商中四个能力的高低，可以让这种互动起到的效果乘上一个系数。把它想象成一个养成类的游戏！骑摩托车兜风会导致女孩子对你的好感度加10，如果你情商特高，不仅带她兜风，还贴心地送了一个她肯定喜欢的可爱的头盔，那就相当于给好感度提升增加了更多的可能性，系统会判定你"金钱减300，对方好感度加30"。但如果你说出了"宝贝摩托车"这种话呢？那就有可能会遭遇一个数值为负的系数了——"你的话语给对方造成了暴击，好感度减10。本回合不能约会。"

按照上面的四个方面去挖掘能力，培养情商，一定是你最值得的投资。说句不好听的话：今天你培养了这个能力，哪怕当下这次恋情最终还是黄了，它对于你的下一段恋情，也依然是有好处的——没准这次恋爱没谈成，不是因为你情商低，而是因为对方情商低，对吧？你培养了更高的情商，按照我们之前所谈到的亲密关系的相似性原理，其实你也能找到情商更高的伴侣。

西安大略大学社会科学学院的心理学家约翰·梅尔（John Meyer）在2008年的一篇论文综合了多个研究结果，发现人们在情商测验中的得分，跟与他人打交道的很多指标都有关联。这些指标包括儿童、成人的社交能力——当然，最重要的是情侣关系质量和家庭关系质量。2010年，关于情商与亲密关系的一篇论文中则阐述了一条更重要的结论：对于过了青春期的情侣，关系满意度会随着双方情商的提高而提高。具体的原因，难以通过现在的心理学研究方法加以查证。也许是因为情商高的人更愿意与情商高的人组成伴侣，也有可能是情商高的人更擅长用自己的优势来解决亲密关系中的问题，并改善关系，以优化关系满意度。

培养情商是个力气活，需要长时间高强度的投入。你目前知道了大概的努力方向和需要坚守的四个基本面，具体该怎么做呢？

对于急于培养自己情商的人，我给你一个接地气的工具——但凡觉得气场有点不对，到了对情商有考验的时刻，请结合下面这个工具来解决问题。

这个工具叫作情绪脚本，它可以帮你细化与分析当下的情景，帮助你更好地做出决策和行为选择。

它由三个问题构成——

现在，我们正身处什么场合——约会？朋友聚餐？看电影？

现在，我跟我的交流对象是什么关系——普通的个体关系？潜在的恋爱对象？追求与被追求？恋人？

现在，我跟他有什么情绪——我高兴，他羞涩？我愤怒，他也愤怒？我开心，他却因为我开的玩笑太过感到生气和一点点羞耻？

很多人之所以情商不高，就是因为行为总是来自下意识的直接迸发——说白了，就是不过脑子。如果你强迫自己的意识和认知参与到行为与话语的调控过程中，请相信，你那么聪明，不会出什么问题的。

我有一个嗜酒的朋友很苦恼，苦恼的却不是他嗜酒的这个毛病。他是一个酒后爱说大话的人，以至于在酒桌上往往容易失态，说些不着边际的诳语。每每他的妻子同他一起列席，会对这种情况非常看不过去，于是就在桌子底下踢他两脚以做警示。已经喝高兴了的他却全然不顾，甚至很没脑子地冒出一句："你踢我干啥？"这句话一说，通常引来的，不是尴尬的瞬间冷场就是爆发哄堂大笑，他老婆也窘得脸直红。回了家，自然少不了一顿互相的埋怨。

在这件事中，他爱说大话是个人情绪特质的展现。而他的夫人踢他，是考虑到环境状态与自己身份后，下意识选择的举动。至于他那句说了就后悔的话，则是在酒后对场合理解与评估不足说出来的。这两口子情商都不够高，说白了，还是因为没让行为过脑子，缺少像"情绪脚本"这样的工具来对情商进行有意识的管理。

关于情商，我们来总结一下：情商不是一个非黑即白的简单概念，而是由四个能力构成：情绪感知能力、情绪运用能力、情绪理解能力和情绪管理的能力。而且这四个能力是有顺序的——一个比一个高级。同时，你要是想立竿见影地提升自己的情商，还有个工具可以用，就是情绪脚本，它由三个具体问题构成：什么场合？什么关系？有什么情绪？通过这三个问题的自问自答，你就能选择最合适的当下表达。

总之，这是个慢工出细活的事，你在培养情商的时候，可以多看几本相关的书籍，比如《社会性动物》《雄性衰落》《亲密行为》等。

这几本书有个共同特点——它们都不直接讲情商，但是一定能让你对情商这个东西有新的认知。在我看来，这比市面上那些常见的情商书有价值多了。

134　**我想谈恋爱：科学脱单指南**

磨合管理：
剿灭破坏初期关系的"恶魔"

接下来，咱们聊点没那么开心的事——在脱单的过程中，该怎么处理与恋爱对象的矛盾争执呢？你也知道，天底下没有完美爱人，我跟我老婆，两口子合起来学了快三十年心理学，在很多同行的眼里，算得上是健康亲密关系的典范，但也免不了偶尔闹矛盾和吵架。

我上小学的时候，有一年下大雪，语文老师留了个作文："这周回家，写篇作文，就叫《雪》！"你肯定能想象，星期一大家来上学，交上来的作文，清一色地都是夸赞"雪"的，什么洁白无瑕、纯洁无比、优雅知性，全出来了。唯独我把雪给臭骂了一顿。我还记得，文章里有这么一句话："你把雪铲起来，放暖气上热化了，你看看是脏水，还是干净水？"好在当年的老师还算开明，并没因为我非主流的文章为难我。

人也差不多。我不是想说天底下没好人啊，我想说的是，天底下没有完美的人，谁多多少少都有点坏毛病与臭脾气。所以，一旦关系深了，打交道多了，矛盾与争执也就在所难免。人的短板只要不是十恶不赦的大问题，其实并不至于让小小矛盾伤到恋爱大计。哪怕是极品的翡翠，如果放到高倍放大镜、显微镜下，也照样有裂、有纹、有晕、有痕，但是，这不能否认翡翠还是块有价值的好翡翠吧？

关于爱情双方的矛盾与争执，我今天想讲三个事：一是处理亲密关系中争执的原则；二是你在亲密关系中，一定要避免的交流陷阱；三是简单有效立竿见影的解决方案。

先说原则：一定要让矛盾和争执有价值，有价值的矛盾是让爱情双方越来越契合的保障，没价值的矛盾只能是让爱意耗竭的黑洞。什么是有价值的矛盾呢？我跟你分享一个我自己的故事。

去年10月初，我跟我老婆在湖北咸宁吵了一架，说实话，我们俩很少生那么大的气。没过几天，我去上海办事，顺便拜访了史秀雄先生，他是我非常好的朋友，同时也是华东地区很有名的心理咨询师。那时候，说实话，我这心里面的气其实还没顺呢。我跟史秀雄讲，我觉得自己特失败，心理学学了这么多年，跟老婆还发这么大火，这书真是读到狗肚子去了。史秀雄听完后，跟我说的话，我今天也分享给你，这话实在是让我对亲密关系中的矛盾有了全新认识。他说："我不觉得吵架是什么坏事啊！吵架，是让爱情中的对方快速知道你到底要什么的高效方式。"

到底是心理学界的大V，说的话就是有水平！你要知道，争执给你带来的体验可能是糟糕的，但争执给你们的爱情带来的价值，完全有可能是积极的。同时，我还自然而然地想到，评估这种积极价值的一个重要标准，就是你们在亲密关系中，会不会因为同一个话题频繁地反复争执。

话说回来，我一回北京，就拽着我老婆开会。内容很简单：从谈恋爱到今天，这八年，吵的那些特别厉害的架，主题到底是什么？紧接着，我们欣喜地发现：这八年，我们大吵过八次，更开心的是，这八次的主题各不一样。这些主题有关于我刚结婚时不讲卫生的，还有关于恋爱初期，她前男友来找事的。不管怎么说，这些不同的争执主题说明什么？说明我们在改变，在磨合，亲密关系在进步啊。

所以，别担心亲密关系中有矛盾和争执，只要冲突有价值，爱情中的携手共进就依然有可能。怕只怕，你们永远都为同一件事生气——她永远不顾及你的收入，包包哪个贵就要买哪个；他呢，也永远不听你的感受，出门踢球回来，袜子跟你的内裤扔到洗衣机里一块洗。这才叫问题。到今天我都特别感谢史秀雄,他让我以一种更科学的视角,看待我自己的爱情。

下一部分,就要谈谈在亲密关系中,容易让你卷入矛盾的五种错误沟通方式。这些沟通方式已经被很多研究证实,是导致爱情凋零的重要原因。

社会心理学家约翰·古特曼(John Gottman)是全世界亲密关系研究领域最权威的专家之一,他在跨越 20 年的一个长期研究中发现,错误的沟通方式会导致低效社交,而这些低效社交能够有效地预测初次约会会不会失败,情侣会不会分手以及夫妻会不会离婚。在对 200 多对情侣的长期观察后,古特曼总结出了五种应该在任何时候都避免的交流习惯,它们会直接影响亲密关系的走向,以至于古特曼本人都把它们称为恋情的毁灭信使(Horsemen of the Apocalypse)。

第一个毁灭信使是直接的蔑视。 翻白眼的人,在我看来从来都不太可爱。蔑视的言行包含了一个潜台词,就是把对方放在了一个比自己更低的地位,或者认为对方的言行不可理喻。"你现在这么低的收入,租房对你而言恐怕是个挺大的负担吧。"类似的话对亲密关系充满了杀伤力。

第二个是蹩脚的讥讽。 蔑视确实不礼貌,但是蔑视的内容毕竟有可能客观存在——你蔑视对方个子矮,而对方真的可能个子不够高嘛,纵然有伤害,其实你也没说瞎话嘛。而讥讽的讨厌之处在于,它是一种刻意的、对他人特质的错误评价与错误衍生。"你走开你走开,你要是不会你就别抢着做,你想显摆什么?"讥讽在嘲笑了他人行为的同时也否认了他人的价值,它曲解了当下的社交情景,让交流变了味道,自然难以对沟通产生积极影响。

第三个是无端的戒心。并不仅仅是在言语中充满攻击性的尖酸刻薄者才让人感到不快,把所有外界信息都当作对自身攻击的人同样并不容易让人喜欢。这样的人把身边大多数人都当作假想敌,他们往往会预先假设他人对自己有所图谋,而别人的一言一行在他看来都恰恰证明了这一点。"你们看,我知道你早就对我有意见了,怎么样,藏不住了吧。"这样的话经常会把交流带进无中生有的矛盾中,给社交环境预先贴上了矛盾的标签。有的人,在亲密关系里,有什么不满意了,既不表达也不沟通,就带着一种"请开始你的表演"的态度,等着对方掉坑。一旦对方掉坑,立刻跳出来,用"不听老人言,吃亏在眼前"的态度高喊:"我跟你说过吧,我早就知道!"

第四个毁灭信使叫消极的沉默。小孩子怄气不说话,会气鼓鼓地坐在一旁撇着嘴,这种情形我们都见过。把这种交流方式转移到成人身上，你就知道什么是消极的沉默了。这种负能量的表现往往是因为对方说了他不爱听的话。他不选择反驳或者辩解，却只选择包含了七分怒火和三分委屈的沉默。谁都可以看得出他不高兴，可他本人就是倔强地坐在那里，谁也不搭理，拒绝任何交流，成为社交场上一块又臭又硬但也让人无法忽视的石头。

最后一个是没来由的挑衅。 挑衅是对他人客观能力、正当权益或实际地位的挑战。约会迟到了，对方有点不满意，不仅不解释，还要拱火："多等一分钟能怎么样？你以为你是谁？"像这样的语言体现了非常明显的敌意。良好的沟通总是有着一个正向的气场，而这种火药味十足的话语明显与高效社交的气场格格不入。

以上五种交流方式是在社交活动中最容易出现，并且影响大家彼此感受的交流方式。你自己会不会有意无意地带有一些这样的表达风格？那就一定要约束自己。这些表达方式你用得越多，对方就让你撵得越远。

那我们该怎么办呢？除了自我约束之外，还有几个方法，可以帮助你避免掉进矛盾的旋涡。

首先，就是时刻给交流本身足够的优先级。 与其他事情相比,交流在绝大多数情况下,都应该更优先,"不听不听!""不谈不谈!""我没空!"这些都是对亲密关系很有杀伤力的话。今天不拿出时间好好沟通,明天一定要花更多时间狠狠吵架。无论是哪一方提出沟通的需求,另一方都有必要尽己所能尽快进入沟通的状态中,倾听和探讨亲密关系中另一方的需求。有很多人想当然地认为这是一件自己已经做得很好的事情,事实上,我们绝大多数人在这一点上仍然有很大的改善空间。

其次,未必要肯定对方的观点,但一定要认可对方观点存在合理性。 在沟通的过程中总是难免会有分歧,女性想要逛街而男性更喜欢吹着空调、喝着啤酒看足球比赛。你可以不陪着对方逛街或者看球赛——虽然这样做更有利于感情发展,但你也不能借此认为逛街就是瞎花钱,或者认为看球赛就是浪费时间。你可以对对方的观点持保留意见,但是你不能仅仅因为他人同你的意见不统一就否认他人。共情能力强的夫妻婚姻满意度更高,而共情能力强的典型表现就是善于站在他人的角度看待问题,进而理解他人的想法。

再次,积极分享自身的个人能力。 心理学家柯德克(Lawrence Kurdek)的研究证明了,不愿分享自身能力的人更容易陷入离婚的困境。这其实很好理解,你投身到严肃的亲密关系中，但你不挣钱、不做家务、不带孩子、不浪漫，自身也并没什么独特的吸引力，这很容易引起伴侣的不快。在新科情侣当中也一样，情感投资多少都是需要回报的，如果一方在不断地付出时间、体力、精力甚至名声和其他更重要的资源，同时却不能得到任何有价值的回报，维系这段爱情自然就变得很困难。

最后，就算彼此间已经很熟了，也仍然要用积极的词语提出要求。 因为就算已经成为恋人，人们也更喜欢良好的态度，熟络本身不应当成为不礼貌、不客气的原因。我们常说相敬如宾，并不是虚伪做作，更多的还是要强调与人为善。恰恰因为对方是你生命中很重要的个体，所以才更应当以礼相待，笑脸相迎。那什么是积极词语呢？最典型的积极词语，其实幼儿园里面就教过了——"谢谢，请，对不起，没关系。"

在"处感情"的过程中体验到了矛盾，这很正常，你别紧张，但也别掉以轻心。总之，你有一个原则、五个陷阱和四个方法。

原则就是：要让矛盾有价值。 要提防的交流方式叫作爱情的毁灭信使，其中包括：蔑视、讥讽、戒心、沉默和挑衅。要选择的解决方案分别是：给交流足够的优先级，要认可对方不同于自己的观点的合理性，要积极分享自身的个人能力，以及用积极的词语提要求。

矛盾处理：
让分歧变得更有价值

之前，我们探讨了磨合管理的问题；下面，我们给磨合管理兜个底——如果没做好磨合管理，争执了、吵架了，怎样才能不伤感情？

有一个很奇怪的现象：你和一个人越熟悉，伤起他来越不假思索。倒是对素不相识的路人，一旦跟人家有了冲突，更容易产生符合社会期许的表现，特礼貌。比如在地铁上，你踩了别人的脚，赶紧说"对不起"；有一次，我在地铁上被别人踩了脚，别人还没说话，我就先说了"对不起"——这么说也没错，我硌着人家了嘛。

可是人们很少对恋人说"对不起""没关系"和"谢谢"。这三个词是最重要的社交用语，被不同的老师用不同的方法教过上千遍，为什么我却很少对最亲近的人说出口？

越是对不认识的人，我们越客气；越是对喜欢的人，反而变得一点都不客气。两个人话赶话，说着说着就吵吵起来，然后就是互相伤害，关系急转直下。为什么互有好感的双方、正式的恋人，还要这么"作"呢？难道是为了考验爱情？

千万别轻易考验爱情。如果你还没脱单，你俩脆弱的关系压根儿就经不住考验。

哪怕真吵起来了，也请注意：别让愤怒或委屈冲昏了头脑，要理智表达，不要刻薄相待。很多人会给自己找个台阶下：我也没想伤害对方啊！都是无意的！呵呵哒！相反的是，在亲密关系中，绝大多数伤害都是有意的，是被矛盾激发出来的刻意行为。

有些男孩子喜欢逗弄女朋友，说"你长那么丑，除了我没人要你"，一旦女朋友生气了，又说"你看你这个人真开不起玩笑"。有些女孩子也总是激将男朋友，说"你怎么这么没出息，就知道天天打游戏"，当男朋友沉迷于工作，又说"从来都没时间陪我，只有时间陪工作陪老板！"。

这样来处理矛盾，很容易让交流被愤怒淹没。一旦理智让位于怒火，无论你的文化水平有多高，平时多有修养多有素质，也不能指望高效平静地解决问题了。

就像你点了个外卖，商家怕外卖小哥把你的汤洒了，在包装袋上打了个死结，很多高效能人士特别烦在小事上浪费时间，就会拿把剪子、直接上牙，把袋子捅烂了，再吃饭。包装袋不值钱，感情可是值钱的。两个人好不容易经营起一段关系，有了个不好打开的结。原本可以平静讨论解决问题，结果却大打出手鱼死网破。苦心经营一朵爱情的花，刚有个花骨朵儿，这下直接连根儿拔了，多不值当呀。

矛盾处理的核心只有一条：即便面对矛盾，我们依然要好好说话。

为了更好地应对亲密关系中的矛盾，下面这些知识是你的必修课：

首先，对亲密关系来说，矛盾是正常的，且不可避免的；应对矛盾的方法，总有选择余地，并不存在被逼到绝境后的大爆发。 两人话说不拢，日子过不到一块儿，大不了散摊子分行李，还能怎样？

人是目标导向的生物。我们谈恋爱、结婚、生孩子，都在追求某些目标，来投资生活。两个人一旦成为情侣，便不能无视生命交集的冲突。冲突表现的形式纵然多种多样，究其原因，也就是一个人的目标干扰了另一个人的目标。除非目标无交集，否则冲突无法避免。如果两个人已经相当依赖，目标依然背道而驰,冲突肯定越来越激烈。

其次,你心里要有个谱,不快乐的情侣和夫妇到底做错了什么?有什么前车之鉴?

我们之前提过的古特曼教授,也对这个话题感兴趣。他安排情侣们面对面坐着,并在脑袋旁边放了一台摄像机,有点类似固定在头盔上的 GoPro(相机),能全程拍摄对面的人。研究者们原以为,镜头会影响研究效果,可情侣们一旦坐下来,就对摄像机视若无物。

古特曼分析了情侣们使用的文字和语气、非言语的表情和体态,总结讨论的结果或结论。他发现,当情侣出现不同意见时,使关系急转直下的一些表达方式。

第一个,叫"地漏问题"。有一些具体问题,总能成为某对情侣所有矛盾的原因。不管他俩吵啥,总能兜兜转转到这个具体问题上。比如"都是因为他懒"或者"都是因为她乱花钱"。实际情况呢,远远比"地漏问题"复杂。

第二个,就是试图总结对方。比如"你是不是这个意思?……"这话听着像是在总结,实际上充满了自以为是的曲解,只是控制欲的另一种表现。

第三个,叫预先归因。对方话还没说完呢,就提前打断话头,扣个大帽子:"你说这个话的意思,就是嫌弃我爱花钱！对不对对不对对不对！"

第四个，**叫封闭型问题。** 类似这样的话："当时你到底有没有给我打电话？啊？你到底打没打？你别说别的，你就说，你！打！没！打！"这种话本身在强烈的指摘，完全没有讨论的基础。

第五个，**把问题转变成了骂街。** 这很常见，"你这个人是不是有病？"就是骂街的典型。

第六个，**不断翻旧账，把一个问题变成一堆问题。**"你说你妈，这次这事咱们就不说了，上次呢？上次怎样怎样！上上次呢！上上次怎样怎样！"

第七个，**好为人师地说教。**"你闭嘴，你听我说，你什么都不懂！"伴侣的地位本应当是平等的，偏偏有一方处处强势，指导一切。

以上七种话，别说。这样即便你们吵起来，爱情也还有救。亲密关系中的沟通问题，应当从重新学习好好说话，补上这门课开始。

最后，我现身说法，给你说个小妙招。我跟我老婆如果憋不住火，马上要吵架了，就会每人吃颗糖。别吃口香糖，也别吃清新口气的薄荷糖，更别吃高贵的黑巧克力——就吃那种你小时候爱吃的糖：阿尔卑斯、大白兔、真知棒。

原因有三：

第一，吃糖这个事，占着嘴，还耗时间。 我从小穷到大，吃糖可是不敢嘎嘣嘎嘣嚼的，都要一点点抵化了才算完，我老婆也一样。这样一来，起码有五分钟，我们俩都不能张嘴。在此期间，我们能冷静冷静，沉着思考一下。有时候发脾气这事，一旦摁了暂停键，再蹿火就没那么容易了。

第二，糖分可以快速地进入大脑，帮助人提振情绪。 你吃麦当劳、甜筒觉得特开心，就是因为甜。大量糖分的摄入，会激活大脑里掌管快乐情绪的区域，愤怒与其他负面情绪就可以得到一定程度的抑制。你看很多节食减肥的小姐姐，只吃蔬菜沙拉加油醋汁，连点淀粉都没有，连着吃几天，看见谁都翻白眼——为什么心情不好？就是饿的！

第三，大脑在梳理问题、好好讨论还是吵架时，都很需要消耗能量。 吃颗糖，能让你的大脑在压力情境下转得更快。

这糖一吃，按照我的经验，八成这架也就吵不起来了。就算吵起来了，它给你提供的能量，也可以帮助你更好地发挥，撑出风格，骂出水平。当然，最后这句是玩笑话。作为成年人，什么时候都不能失控，这是基本底线。

关于矛盾处理，咱们就聊到这儿。你需要知道一个总原则、一种对矛盾的正确认识、七种绝对不能说的话以及一个小技巧。原则是：就算面对矛盾，我们依然应当好好说话。

认识是：矛盾具有两个特性——不可避免性和中立性。

七种禁忌话语是：地漏问题、试图总结、预先归因、封闭性问题、骂大街、翻旧账、说教。一个简单小技巧：压不住火，先吃糖。

舆论压力：
你的爱情你做主

在脱单的过程中，总有一些人会对我们的感情生活议论纷纷。这些人有的跟咱密切相关——比如咱爸咱妈，有的跟咱关系一般——比如普通朋友、同学同事，有的跟咱纯粹就没啥关系——比如一帮吃瓜群众。但他们人人都长了一张咱管不住的嘴，那么，面对这些舆论压力，我们该怎么办呢？在这一节的前半部分，我会跟你聊聊，有哪些舆论压力，以及这些压力到底是怎么来的；后半部分，我和你分享一些应对舆论压力的具体建议。

梁静茹有首《勇气》唱得好："爱真的需要勇气，来面对流言蜚语。"爱就爱，要勇气干啥？人家来个自问自答——面对流言蜚语。你知道，人是社交性的动物，中国又有着历史悠久的面子文化，而搞对象又是人们茶余饭后最重要的八卦谈资，这就导致你的恋情，逃不出人们的视线，逃不出人们的讨论，甚至逃不出添油加醋和无中生有的流言。

为了应对流言，很多恋人选择了"地下情"这种方式。说实话，我认为这种选择并不是最优选。但咱们今天要讲的是脱单，聊地下情为时过早，咱们先说说在脱单过程中，你可能面对的舆论压力。

对需要脱单的你来说，最强大的外界舆论压力之一，恐怕就是"逼婚"了吧。

逼婚所代表的舆论压力是一种舆论期待压力，大家都希望你怎样怎样，而且还打着"为了你好"的旗号而来，这种舆论期待总是会让当事人喘不过气，同时当事人还说不出什么来。有时候，我觉得特别讽刺，没对象几乎是每个人在感情生活中都会遇到的状态，但在中国，常被我们的父母、闺密、发小儿以及带着各种由头来关爱我们的人当作不正常。没有恋人这件事仿佛是疾病一般的存在，好像不治不行。

当事人自己都未必把这件事太放在心上，但很多外人，已经无时无刻不再把它挂在嘴边了。众口铄金，积毁销骨啊！

以前我不爱理发，每次我自己还觉得头发长度尚可呢，我妈就已经开始成天唠叨，催我找一个正经理发店，赶紧拿推子推个中规中矩的平头。有次我出差后回家，在机场打上车的时候，已经将近晚上十一点了，坐在后排，瞟了一眼后视镜才惊觉，我的头发已经乱得跟鸡窝一样了。为了避免回家后又被我妈数落，我只好临时在市区里找了一家离家不远的理发店，带着满嘴航空餐的味道，坐到了一个头发比我还乱的陌生理发师身前。这哥们儿这手艺是真的烂，把我头发理得跟狗啃的一样，收的价钱还死贵。回了家，虽然没挨数落吧，但我妈她老人家也表达了对这个难看发型的反感。关键是，她反感了几分钟，这恶心劲儿也就过去了，我却顶着这个丑脑袋上了好几天班哪。

  我为什么要说这个事呢？很多人在脱单时承受不住舆论的压力的后果，就跟我这次理发的经历差不多。"三天不见理头功"，发型丑是小事，可你要是找了个恋人还不是省油的灯，那可有你的苦果子吃喽！很多人在没对象这件事上，承担了太多的舆论压力与社会期许，周边有太多的人，怂恿与劝解着在他们眼里病入膏肓的爱情病号。可惜单身并不是病，比起医治，单身贵族更需要练习和缘分。反而是那些被逼急了、真拿自己当病患的人，病急乱投医，在没有充分准备的情况下投入了一段感情，那就很容易运气不佳崴了脚。

"逼迫"对单身人士而言，其实是一个很有中国特色的社会压力。应对舆论期待的压力古已有之，社会学与人类学的不少研究都发现，在从古至今的众多文化中，存在着从绝对主动到绝对被动的诸多婚恋模式。之所以不叫恋爱模式，是因为在一些极端情况下，男女双方第一次见面的场合，就已经是婚礼了。在很多婚恋模式里，爱情其实都不是两个人的事，外界的指手画脚甚至直接干预，一直都存在。

被动的婚恋模式在东亚与中东一度盛行，比如指腹为婚这种曾在我国历史上客观存在过的现象，再比如部分中东国家仅仅依靠彩礼的多寡来决定把女儿嫁给谁的传统，都算得上是极端被动的婚恋模式。而主动的婚恋模式则更像是逛超市，恋爱双方在一系列讨价还价甚至试用过后，如果依然能够接受彼此，便开心快乐地去寻求婚姻的祝福。婚恋模式的主动抑或被动，并不存在孰优孰劣的问题。必须坦率地承认，在不同的社会环境与时代背景下，它们都在一定程度上满足了特定环境中人们对婚恋的诉求。

问题是，在中国，我们着实很难界定，社会影响的取向到底是哪一边。它貌似是强调自由的主动婚恋模式——强调人们在恋爱中的主动参与和积极沟通。但在很多时候，它又难以脱离外界的介入。没谈恋爱的时候，爸妈催着谈恋爱，一旦自己谈了恋爱，却又有人跳出来说些不着边际的片儿汤话。自己没有谈恋爱心情的时候，有热心人前赴后继，给你介绍一个同样对谈恋爱没心情的人认识，而你跟这人之间，除了都单身以外，很可能没什么别的共同点了。这种矛盾归结下来变成了一个词——逼迫。求脱单的人，无时无刻不在经受着各种各样的无形逼迫，于是很容易在以爱为名的精神压迫中破罐子破摔。很多时候，这种对新关系的投入更有"纵身一跃"的意味。

说了这么多，其实我就想告诉你一件事：逼婚这件事，来自大环境的影响已经很难改变了，不要试图说服你的父母别着急了、别担心了。如果你的父母本身就不是那种爱咋咋地的开明家长，即使你可以做到晓之以理动之以情，也撼动不了人家的价值观，有说服他们这工夫，你早就找个好对象了。

那么，我们该怎么办呢？应对舆论期待这种压力，我有一个总的原则：你需要在跳进人海找对象的时候，给自己多一点警醒，毕竟别人说得再热闹，也没谁能替你去谈这场恋爱。

总之，嘴长在别人脸上，你想管也管不住。如果带着

"防民之口，甚于防川"的态度来做自己亲密关系相关的舆论管理，基本上就不可能有什么效果。要想"走自己的路，让别人说去吧"，各位最需要做的，还是要集中精力在选择伴侣、营造关系的具体工作中。诚然，很多人是带着标准与底线去择偶的，比如身高一米八，硕士文凭以上，又比如肤白貌美气质佳，再比如阳刚的同时要绅士，幽默的同时要深刻，等等。这些特点太个性化，而且烙印在个人对他人的评价参照系中，想忘都忘不掉。

我所希望各位警醒的，是在被逼得头脑发蒙时更容易忘却的几项要素。面对舆论和八卦，最重要的心理素质是什么？是定力，是爱咋咋地的浑不吝，是我岿然不动的坚定感。他们说他们的，你要坚持你坚持的。杠、喷回去，意义其实都不大，除了让你爽一下之外，并不能给你带来真正的改变。真正的解决方案，是哪怕别人或真或假地狠狠催着，你也要好好地找一个合适的恋人，这是堵住他们嘴的最好方法。

还有几条，就是你抛开自己那些个性化需求之外，最要坚持的。

首先，你要明白：寻找恋爱对象其实是寻求一种可能性，一种进入一段长期稳定的亲密关系的可能性，然而可能不等

于必然。 约会是为了谈恋爱，谈恋爱是为了结婚或者维系一段美好恋情。但是这并不意味着，只要约会了，关系就一定要深入发展下去。在气场明显不合的情况下，很多约会其实可以在喝一杯咖啡的时间内就结束，在这一点上别有什么不好意思的小顾虑，大家时间都很宝贵，不要浪费彼此的青春。世上存在不少对爱情永远说"不"的人，但这并不意味着敢对每一个异性都笑脸相迎地说"好"，就是一件人生幸事。约会是向恋情迈出的重要一步，但这是非常强调试探性的一小步。在"明知山有虎"的情况下偏向虎山行的，那是喝高了的武松。

其次，约会和恋爱理应是有趣的。 有的时候，因为外界舆论，约会不仅不开心，还闹心。一旦你感觉到对方给你带来的压力超过了对方给你带来的吸引力，此时很可能就不能让你享受爱情了。美好的约会都伴随着快乐的氛围，情侣们结伴去看电影、吃大餐、参加派对，甚至只是单纯地拿着一杯奶茶聊聊天，这些约会的内容本身就是开心而有趣的。仔细想想，我们从没见过有情侣约会一起去拔牙的，应该就是这个道理。如果初次约会的时候一方迟到太久，那么双方深入交流的可能性会大大降低，因为迟到已经引发了其中起码一个人的不快乐。同理，如果你发现自己其实没那么喜欢跟对方共处，就算七大姑八大姨担保说你跟对方真合适，你也要有意识地保持清醒，而非被舆论绑架。

再次，好的恋情一定不会让你感觉更孤独。 除了有趣之外，恋情也应该让你觉得有依靠，有安全感。但外界舆论总会让你没法关照到这一点，以至于你有的时候区分不出来到底焦虑感是来自你妈，还是来自你的约会对象。要知道，恋爱并不总能让人感到充实，起码不应该让人觉得更孤独。我有一位朋友，他某次被逼着去谈了个恋爱后，突然与我们这些老友联系得不那么频繁了。我们原以为是爱情的新鲜感让他无暇他顾，后来，我们在他分手后回归组织的饭局上得知，他那已经分手的女朋友，当时根本就不让他与其他人有什么密切来往。这样的恋人的存在，反而让他更感到孤独。爱情强调专一是没错的，但是专一不等于完全地占有。我们寻找恋人是希望借由他或者她，看到一个更广阔与更美好的世界，而非让眼界完全被一个人占据。如果恋人让你感觉他是你背上的蜗壳，而你自己是一只步履沉重且内心孤独的蜗牛，那你就有必要考虑抛弃这套枷锁。

最后还有一点——你想不想跟对方结婚，这事很重要。 要知道，在适当的时机，其实是有必要严肃地在恋情中引入婚姻这一话题的。社会学家罗伊德（Loyd）的研究发现，恋爱双方如果都本着以结婚为目的的态度投入这段感情，亲密关系的众多正向指标都会稳定得多。如果以结婚作为恋爱的大方向，终归是利大于弊。如果两个人在"是否以结婚为恋爱目的"这件事上貌合神离，那恋情就容易出问题。如果你是奔着结婚去谈恋爱的那个人，最好在一个恰当的时间，确定你的恋人跟你有着同样的诉求，反过来也一样。

可惜，有的时候舆论逼得太紧，会让你不得不被动地开始考虑谈婚论嫁。在这时候，你有必要拍着胸口问问自己：你到底想不想跟对方组建家庭？一旦结婚了，要知道，逼婚的人可不能替你在家里过日子。也许从父母到七大姑八大姨，都在逼你脱离单身状态，无论如何，你也不应当勉强自己与一个不合适的人在一起。

上面的四点，能够让你在这个着急上火的逼迫情境中，保持一套有科学根据的择偶标准，不至于让建立亲密关系的初期约会，造成什么对双方都不可挽回的影响。最重要的是，它能够帮助你确定一个自己能够接受的亲密关系，而非一段病急乱投医的凑合感情。

不管怎样，你要明白：舆论期待与随之而来的逼迫是今天很多人面对的亲密关系压力——这对象还没谈呢，压力就已经排山倒海般袭来了。很多人容易被这种舆论压力弄得慌了神,结果,外面逼你的那些人嘴炮打爽了,你却自己找了个不适合自己的人,过上了苦闷的日子。在面对这种舆论压力时,一定要保持一个最基本的原则:坚守自己的底线不动摇,也就是保持定力。

而基本的底线包括四条:第一,谈恋爱不一定就非得结婚;第二,谈恋爱应该能让你享受其中;第三,好的恋情一定不会让你萌生更多孤独;第四,你以及对方到底打算不打算结婚,这一点很重要。

领地意识：
如何应对吃醋与竞争

请允许我问你一个稍微有点冒犯的问题：两个人要是恋爱了，有没有看对方手机的权利？这包括知道对方的开屏密码，能够过目对方社交网络上的动态与私信，甚至包括看对方微信和其他即时通信软件的信息。

有的人会认为，当然有这样的权利。有的人会认为，这是侵犯隐私：人家跟你搞对象，又不是卖给你当奴隶，干啥呢？

我无意去讨论这个问题的标准答案。我希望，你从两极分化的回答中看出来，看不看手机之所以成了一个问题，很大程度上是追求安全感导致的。

安全感危机很容易被点燃：情敌，心仪对象的态度转变，异地恋的风险，甚至"我这段时间准备先考公务员，咱俩关系恐怕要稍微放一放节奏",都能引爆它。

还有很多的安全感危机,来自"吃饱了撑的"或者"自己给自己添堵":我给他买的那件衬衫他最近没有穿啊——其实是天气热了,已经没法穿长袖了;她最近回我微信回得好慢啊——其实是到考试季了,人家要花时间自习复习啊;她最近跟她那个同事好像走得有点近啊——其实人家是一个项目组的,客户又催得紧,能不一起加班吗?

♡

长期以来,人们一直认为安全感的核心问题是"给得够不够多"。如果一个人没有得到足够的安全感,就会通过种种手段去弥足心理上的缺憾。女人们因为缺乏安全感,才对男人们的钱包和手机看得严;男人们因为缺乏安全感,才对女人们的异性社交疑神疑鬼。竞争产生了,要是没处理好,爱情就凉了。你要纠正原来的误区,因为哪怕提供充足的安全感,也不能解决每一个因为安全感缺失而产生的问题。

我接触过一对因为亲密关系问题而求助的夫妇。在我看来,丈夫已经提供了足够的安全感。妻子要管理银行卡,他交了出来;妻子要天天查短信和通话记录,他交了出来;妻子要他提供微信密码和登录验证码,不时进行突击检查,他交了出来;妻子要他说明每天花钱的具体去向,他只要偶尔记不清说不明，就是一顿吵闹，这时候他觉得这不单单是他的问题了。

每个人对安全感的需求是不一样的。有的人自信些、放松些，对安全感的要求没有那么具体与苛刻；而有的人想得多了一点，对情感的掌控与把握就更加在乎——当想法走到了极端，另一半就算把整个生命投入恋人对安全感的期待中，也未必能满足对方黑洞一般的需求。持极端态度的人，其实在生活中并不少见。

安全感并不仅仅是"给得够不够多"的问题，更是"有没有狮子大开口，逼着爱人以身饲虎"的问题。

面对亲密关系中的竞争，我把丑话说在前头，先讲一个坏消息：

你在亲密关系中的安全感风格，不是你想改就能改的。你的吃醋、纠结、恐慌，甚至对长期关系的逃避，很大程度上来自童年的经历。这种童年经历直接影响的对象，就是你的深度社交风格——依恋风格。你对安全感的需求，直接相关于你的依恋风格类型。

在一项研究中，一批出生于 20 世纪 70 年代末期的婴儿，孩提时期就接受了安斯沃斯陌生情景测试，用来评估他们的依恋风格。心理学家们通过婴儿们的表现，对他们进行了分类。20 年后，研究者们又找到了这些已经成为青年的孩子，针对他们在爱情中的依恋类型，重新进行评估和定义。实验表明，对安全感的需求与态度完全没有改变的人，占到了实验参与者总数的 72%。

研究还发现，影响你在爱情中有着怎样安全感的元素，主要有三个：首先，你的基因；其次，最初提供安全感的人——通常是妈妈或爸爸——对你的需要，能否及时充分地反馈；最后，环境因素——你在成长过程中，有没有经历重大变故，比如战争、饥荒、家庭暴力与父母离异。

这些影响都已经发生了，木已成舟，你也改变不了什么了。你还可以评估一下：自己属于哪种安全感类型，然后找到最适合自己的解决方案。

安全型依恋的儿童，建立了对自我的肯定，也建立了对外部世界的信任。 当他们长大后，别人投注的安全感，通常能高效地转化，他们也对伴侣充满信任。同时，他们也能够维系自我，把恋情和乱七八糟不相关的东西隔离开来。如果你既信任自己，又信任对方，那没毛病，可以直接跳到下节。

除了这种依恋类型，还有三种类别的依恋，就各有各的问题。

当一个人对外界评价积极，自我评价消极，时常很焦虑，就形成了关注型依恋风格，也就是经常看到的取悦型恋人。这种类型的恋人，似乎总有难以名状的自卑与唯唯诺诺，而且做事小心翼翼。他们最容易成为黏黏糖一样的恋人，总想时刻和另一半黏在一起。他们时常缺乏安全感，但只要稍加关注，就能快速抚平内心的不安。对他们来说，拒绝是最大的伤害，因为那颠覆了外界资源的可靠形象。

有的亲密关系中，双方与其说是谈恋爱，不如说是在带孩子。"巨婴"和"妈宝"一旦恋爱，就会做出很多荒唐可笑的行为，比如故意刺激恋人，说某个异性对自己非常感兴趣。这么做，并不是想激怒对方，而是希望恋人着急，获得安全感和对自己的积极评价。长此以往，另一半会彻底翻车，引发完全没必要的矛盾。

对于取悦型恋人，我的建议很简单：你先别试图在爱情中寻找自信，你先要在生活中找到自己。如果你带着巨大的自我否定投身爱情，想不出问题都难。

另一种依恋恰恰相反——外界都是不可靠的，凡事都要依靠强大的自己。这种依恋类型被称为冷漠型依恋——快！你们都来跪舔我！这类人跟安全型依恋的表现从外面看非常类似，但是他们认为外界并不可靠，他人不愿也不能帮上自己什么。他们并不会对恋人有太高评价，也不情愿接受与认可他人的帮助，同时也很吝啬向恋人提供安全感——他们认为安全感缺失，完全是懦弱的表现。与专注型的人相反，冷漠型的人往往喜欢说"不"。为了维系自我认可，他们倾向于拒绝帮助，也倾向于拒绝被帮助，看轻亲密接触的积极影响，对自己的亲密需求通通冷处理。

曾有一对夫妻来找我聊他们的婚姻问题，不过情况比较特殊：老公是被老婆逼着来的。这当老公的，对婚姻没什么投入，同时，也不认为我能帮上啥忙。一直到他们开车到楼下，丈夫依然试图说服妻子，"我们的关系没必要让一个外人来帮忙，我完全可以自己改善自己解决。"在交流过程中，他并不认为我能帮上什么，就算我提供帮助，他也不会接受，他与夫人的问题，自己完全能够搞定。事实上，他根本就不知道，恰恰是他这样看待他人的倾向，制造了婚姻问题。

对于冷漠型恋人，我建议放弃自己"万能"的执念。《鲁滨孙漂流记》看过吧？人家鲁滨孙那么牛，还得有个星期五打下手呢。如果你总认为老子天下第一，"在座的各位都是垃圾"，那不仅仅是爱情，任何人际关系也很难搞好。

这种问题并不是最严重、最棘手的。当一个小孩子对安全感的需求被无视，同时经历了非常艰难困苦的环境，他很可能萌生对自身评价不高、对外界评价也很低的依恋状态。一旦这种状态持续到成年，并主导恋情的走向，我们便将这种依恋类型称为恐惧型依恋。这样的人对社会和恋人都充满了不信任——没法建立起长期的亲密关系，跟谁都是暧昧两天就拜拜了。

为了冲淡这种不信任，往往做一些极端的事，缓解内心的痛苦。他们很可能因为一点点琐事，就陷入"我这么爱你，你怎么能这么不爱我"的情感思维陷阱中，又在对爱人的愤恨与对自己的不满中不断挣扎。不过，恐惧型依恋在人群中并不普遍，绝大多数人属于前面三种依恋类型中的一种。如果你不幸是恐惧型依恋，我建议你暂时先抛开亲密关系，在自我认知上多做投入。必要时候，还可以求助专业人士。

我必须承认，改变一个人的依恋风格和对安全感的需求水平，靠一个章节远远不够。我想说，改进自我的重要前提，是了解自己的真实状态。所以，我认为这节内容对你最直接的意义，就是明白自己到底属于哪种恋人，对自己的信任程度如何，对外界的信任程度又如何。唯有这样，才能找到进步的方向。

我们探讨了每个人在亲密关系中都可能面对的安全感危机，并提出这样一个原则："安全感不看给得多不多，而要看恋爱双方各自有着怎样的依恋风格。"同时，依恋风格很难改变，与基因、原生家庭以及曾经的巨大创伤都有着关联。依恋风格包括四种类型：安全型，这种没毛病；关注型，这种人需要提升对自我的认同感；冷漠型，这种人需要提升对他人的认同感；还有最棘手的恐惧型，这种人的情况最棘手，处理好自己的心理短板后，再投身爱情比较合适。

行为同步：
应对异地的好手段

前几天，我在某个高校讲课，课后，一个女生找到了我。

她跟男友异地恋，确切地说，都不仅仅是异地恋了，而是异国恋，甚至是时差差了整整 12 个小时的异国恋，用我当时的惊呼就是："哦吼，完美错过！"因为她跟男友上的都是非常好的大学，每天要用十五六个小时来专门学习，更没时间交流了。这两个人最常使用的保留交流的方式是写电子邮件——你来我往，长长短短的一天一封。

甚至在假期，男友回国了，他们也不见面，一方面是男友的母亲觉得自家儿子现在谈恋爱有点太早了，另一方面是两个人担心在假期里面"一晌贪欢"，等开学后，分别更加痛苦，面对那时继续进行的异地恋，更难适应。

"太难了。"我打心眼儿里这么想。

"我该不该继续呢？"姑娘问。

也许对大多数的异地恋来说，情况都还不到如此严峻的地步。但是其中的酸楚与问题，恐怕是非常明确的。

这些难处甚至在某些恋情正式确立之前就表现出来，成了爱情进一步发展的绊脚石。

异地恋最大的问题和挑战在哪里呢？就在于爱情的三个基本要素里面，异地恋起码缺了一条腿。

我们之前提到过，爱情的三个要素，分别是激情、亲密和承诺。

对异地恋的投入者来说，第一个面对的问题，就是亲密的难以达成——鞭长莫及，想亲密都亲密不着。而这个问题紧接着就容易诱发激情上的困境，激情如火，总是需要点燃料，总是见不到面，那感情放着放着就凉透了。一旦亲密感和激情双双告急，就剩下一个承诺，往往也是独木难支。虽然大量的异地恋往往在起点时有着决心、毅力，甚至山盟海誓，但相当一部分还是走到了分手的终点。

那么，面对异地恋的问题，我们有什么可以做呢？

我觉得，这天底下最极端的异地恋，可以给我们一些启示。

这是一场"超时空恋爱"。

宇航员斯科特·凯利（Scott Kelly）要在国际空间站出一年任务，国际空间站位于地球上空 400 千米。

而与他已经相恋五年的女友安见子·考德勒（Amiko Kauderer）居住在得克萨斯州，是 NASA（美国国家航空航天局）公共事务方面的职员。

值得广大异地恋学习的第一个做法，是秀恩爱。

这一对异地恋非常喜欢秀恩爱，在他们的社交媒体上，频频发照片——当然，因为条件所限，他们没办法拍合影，但是他们总会想办法向外界表达他们"是一对"这个信息。女方在家里放了一个男方的 1∶1 等身彩色印刷的纸板——还动不动跟这个纸板男友互动。而男方则非常喜欢把两个人各自的照片拼成有点小心思小剧情的同一张发出来。

这种秀恩爱的方法，也许有的人觉得幼稚，有的人觉得太高调，但对异地恋来说，真的是有比无好。

有研究发现，对非异地恋的情侣来说，总秀恩爱，往往可能是一种情感不自信的表现，以至于真的会出现"秀恩爱，死得快"的情况。但是对异地恋的人来说恰恰相反，秀恩爱这时候可以起到非常重要的积极作用，不仅能够提醒双方彼此的存在和重要性，更能通过社交圈子向外传递"我有恋人，我们很幸福"这样的信息，进而规避了一些潜在的风险。

第二个做法，是尽量维持行为的同步性——这种行为，可以是吃饭睡觉这样的生活节律，也可以是同时学习一个科目或者看同一本书，甚至培养同一个爱好。

这对情侣在真正的相处过程中如何具体交流，碍于条件有限，我不得而知，但从他们晒出来的通信记录、和一起发的照片来看，他们其实非常在意彼此行为的同一性。

如果没有异地恋，情侣们的行为往往被高度绑定——一起吃饭，一起上自习，一起去看电影，这提供了亲密感的基础。

而在异地的情况下，我们恰恰也需要去营造和安排这种一致性、同一感。虽然不能在空间上一起吃饭，但是在时间上一起吃饭，或者吃差不多的食物——这都是可行的。

不要以为这没有用，实际上这非常能够让你感觉到恋人好像就在身边。

比如说这对宇航员情侣。

他们一起晒过海景：男方发了在航天站拍到的哥斯达黎加的景色，而女方发了自己在海滩上做瑜伽的自拍。

比如一起晒美食：为了庆祝来到空间站半年整，男方发了一个吃汉堡的自拍，而女方则在地球上发了个吃比萨的自拍以做回应。

比如一起培养兴趣：男方在空间站里开始学习无重力下的杂耍活动，而女方开始学习攀岩。

这其实对于很多异地恋的情侣都有启示：要知道，在空间站里，宇航员每周只能给他的恋人拨通一次时间有限的视频通话。那在这样的情况下，靠什么来维持亲密感呢？很大程度上，就要依托于两个人有没有行为上的同步性，有没有一起做某件类似的事情了。这样的举措会在很大程度上保护亲密关系，对异地恋的人来说，是尤为值得尝试的。

除此之外，我还想专门说一句：我们都知道异地恋充满了挑战和风险，我们为什么不换一种角度去看看呢？也许，这是对于你们亲密关系的一次考试呢？也许，这是让你们的亲密关系超越原来的模式，走向更加成熟的契机呢？也许，异地恋的距离，会让你更加全面地认识你的恋人呢？也许，这是你们爱情的试金石呢？

我们不能因为异地恋的体验糟糕，就否认它的价值，相反，如果异地恋来势汹汹避无可避，也许我们恰恰应该去找到它的价值，这样才能给我们更多把爱情坚持到底的信心。

也许正如 NASA 人类研究项目的二把手——克雷格·康卓特（Craig Kundrot）博士对于这对太空异地恋的评价："这是一种难得的人生体验。"

Chapter 9

胜利的凯歌：
表白注意事项

亲密关系不管多么复杂，终归还是一种人与人相处的关系。

关系评估：
何时表白，真是个问题！

咱们这本书已经来到最后一部分了，这一章，主要讲的是确立恋人关系之前最重要的临门一脚：表白。

谈表白之前呢，咱们首先探讨一下，表白的意义和价值到底在哪里，还有到底什么样的表白，才算是成功的表白。我觉得，成功的表白评估标准只有一条：在表白过后，你们对于关系的下一步发展，达成了共识。另外，咱们也一起聊聊五个可能的表白场景。在正式开始之前，我还是先讲一个最近碰见的事。

有一次，我在某个高校给学生们讲课。下了课，有个小姑娘追上我，跟我倾诉了她的苦恼：她说自己以前上高中的时候，有个非常好的异性朋友，这俩人呢，以哥们儿相称。后来大家都上大学，分别考进了上海的两所不同的高校。大一上半学期还没结束，对方就突然跑过来跟自己表白了。这个女生呢，怕失去这个朋友，于是也就同意了。这一同意不要紧，哥们儿相称的日子可是一去不复返。新男友在微信上对她动不动就以"亲爱的"来称呼，因为人家觉得，都男女朋友了，这很正常嘛！而她呢？却觉得很恶心，很难受，很受不了。

纵然如此，这姑娘还是不敢跟对方说实话，只能在内心深深后悔之前答应得太冲动。她不仅后悔，还特痛苦——到底应该怎么办？如果继续吧，自己实在不舒服，如果实话实说吧，跟对方讲"我之前同意你的表白是个错误，现在我想反悔了"，那恐怕会永远失去这个朋友。这么一来，既失去了恋人，又少了个朋友，感觉成本更高了，似乎也不那么妥当，到底该怎么办呢？

我们暂时先不考虑这个具体的问题，因为这是人家小姑娘自己的事。

我希望借她这个事，让各位考虑的一个问题是：跟她表白的这个男生到底表白成功了吗？我估计，大家会分成两派：一派会说，这表白难道还不叫成功吗？人家姑娘都同意了！人家也答应给你当女朋友了，这表白肯定算成功啊！还有一派会认为，这种表白一点都不成功，人家姑娘跟你之间压根儿就没有爱情的基础，她还是拿你当朋友，根本没拿你当男朋友。

那么，你支持哪一派呢？

按照我们之前提到的原则，这当然是一次失败的表白了——在表白过后，双方其实并没有对关系下一步的发展达成共识。真正的表白成功，不一定是你们双方通过一个仪式，口头答应从现在就开始做恋人。真正的表白成功，应该是你们双方对下一步发展有一致认识，咱们要做恋人？还是大家继续做朋友？还是再发展着看一看？这都叫共识，这也都叫表白成功。

刚才我举的那个例子，那次表白只能叫作貌似成功，实际上还是失败的。

确立了对于表白的正确认识后，我们的下一个议题，就是要考量，表白都有哪些可选形式，什么样的关系基础会导致怎样的表白。恰当地表白应该结合恰当的场景与恰当的情感基调，对吧？让你在写字楼里和对面公司的美女用山歌答对来谈情说爱，你觉得成功率大吗？

在我看来，表白有五个类别：

第一种，激情诱发的表白。 这种表白，首推《泰坦尼克号》里面的经典爱情桥段。小烂仔杰克与新女性露丝,一个刚赌赢船票怀揣梦想,一个逃离了宴会向往着自由,他俩在最情绪化的时刻相识,与其说是情感酝酿,不如说叫情感爆炸,想不表白都是难事。从初次见面,到勇敢表白,未必需要多长时间来酝酿。强烈的情感体验能够提升一见钟情的可能性,有效提高表白之前的心理能量储备——至于一见钟情的问题,请直接参考我们之前的章节。

激荡的情绪带来了一见钟情的感觉,降低了表白的门槛,如果双方感觉都很亢奋,还将进一步提升表白的成功率。但是别高兴得太早。这样的表白极容易导致"同意过后立刻后悔"的情况出现。有研究发现,在表白得到同意后的四十八小时内,有一个双方后悔反水的高发期。很多时候,就是因为表白的场景包含了太多情绪因素和冲动决策,而人们一旦冷静下来,就容易思前想后,觉得还是不同意比较好。总之,如果你们双方的情绪高度激发,表白可能并不需要太多的准备工作,你如果想表白的话,不必等太久。但是有一点要提防:对方当下答应了,明儿早上却打来电话——"喂,昨儿晚上我说的话,你就当我没说,行不行?"你说这可咋办。

第二种,青梅竹马的积淀。也有这样一些情侣,在做恋人之前,先做了多年亲人,甚至到了一种地步:女孩是男孩的"兄弟",男孩是女孩的"姐妹"。男孩女孩每每于万千人中,受了情伤,回头一看,发现原来对方才是真爱。长期的共同相处与共同经历,自然而然地培养了表白的情感基础。这个培养过程未必激越,但好在足够漫长。情侣分手的原因中,你觉得哪个排名第一?"财务问题"?"缺少共处时间"?还是"很少一起休闲"?都不是。"三观不合"才是种子选手。如果要谈恋爱的话,跟八字合比起来,三观合是个更重要的事。"好人卡"是同样的道理,人家并不否认你是一个好人,人家只是认为你们"缺乏共同点"。

而青梅竹马的经历,很好地保证了三观吻合,共同话题足够多,生命的相似性也足够强。有朝一日,年少懵懂变成不知所以的冲动,岁月与回忆化身为力量,表白就这么自然而然发生了。但是,这种表白也有风险,对有的人来说,"爱人"其实并没有那个"最好的朋友"来得重要。你的表白如果成功了,对方的确是收获了一个爱人,但是对方也可能认为自己同时失去了一个最好的朋友,这样对未来的关系发展可不见得是个好事。要想在这种情况下好好表白,恐怕要让对方有足够的安全感,得出这样的结论:如果我们从朋友升级成恋人,我并没有失去一个好朋友,而是收获了一个更贴心的朋友。

第三种，情急之下的表白，比较特殊。 如果你看过灾难片《后天》，你就能理解我想说的到底是什么了。电影里，男主对女主早就萌生爱意，一场突如其来的气候灾难却成了表白的引线。的确是这样，促使表白发生的，未必都是好事。我有个朋友，某个项目在结项前一周发生了重大变故。为了不得罪财大气粗的客户，他所在的项目团队吃在公司住在公司，没日没夜地大干了五天，终于在结项前交出了完美答卷。在此期间，朋友与他的某个女同事建立了深厚的革命友谊，并在庆功宴上勇敢表白，表达了继续深化这种友谊的美好愿望。一起扛过枪，一起紧张过，一起兴奋过，一起受过伤，才有可能发现什么更值得珍惜与追求。人们总是这样，从紧绷的氛围中松了口气，就下意识地把手上的东西握得更紧。这种表白建立在"共患难"的基础上，你也知道，很多人虽然能"共苦"，却不能"同甘"，所以这种表白虽然能打造"患难夫妻"，但还是有另一层风险——苟富贵，到底能不能勿相忘呢？

第四种，感天动地的表白。 这种表白，单单让对方知道是不行的，更要显现出一种让全世界都知道的磅礴气势。比如，大量的鲜花、蜡烛以及高分贝的呐喊都是这种表白的标配。这么做的人，看来很在乎表白的仪式感，认为感天动地的前提，应该是惊天动地。这样的表白看上去十拿九稳，真挚又带点任性，事实上，这是成功率比较低的表白方式。倘若水到渠成，便不用这般大动干戈。很多烦琐盛大的场景，一如夜路唱歌，只是为了给自己增加胆量而已。至于被表白者，面临围观者们高呼"答应他/她！"时的心理感受，不足为外人道也。这跟求婚不同，求婚有相当的文化基础和成熟的感情基础。而太过哗众取宠的表白，最要提防的恐怕都不是"实动然拒"，而是如前两年某个热门视频中一样：女主角拎起求爱的吉他，一把砸了回去。

最后一种表白，则是不求结果的表白。 电影《真爱至上》里面，有一对就是这样。这种表白并不是为了试探对方到底答不答应你，而是要找个机会，把自我全盘托出。对很多深刻的爱来说，表白未必要索取一个具体的结果，重点是依靠这种形式，让潮水一般的爱得以表达。暗恋是没有破土的种子，表白起码让暗恋开过了花。对真挚的爱情来说，不见天日是最差的结果。我目睹过一些表白，有的真心做作，让人觉得表白者"爱的是表白，不是对方"，但对于不求结果的表白，最起码，"爱的是对方，不是表白"。但这种表白的地位是不平等的，有一种喝酒时"我干了，你随意"的感觉，所以，一些显而易见的风险也会随之而来。

总之，表白多种多样，以上这样的分类当然不能穷举所有的可能性。表白有可能激情、平和、温馨、残酷，也有可能什么都没发生。表白过后，有人沉浸在甜蜜里，也有人深陷于痛苦中。而我想说的是，你会发现，捅破窗户纸的方法，没有一种是完美的，而你需要做的，是结合你们的亲密关系，控制好潜在的负面结果，做出最适合的选择。

这一节我们主要讲了两个知识点：到底什么叫真正的表白以及常见的五种表白场景分别是什么，这里面也包括，这些表白场景各有什么样的利弊。评估表白成功与否的标准只有一个：你们双方对于关系的下一步发展，到底有没有达成共识。

常见的五种表白类型包括：激情诱发、青梅竹马、情急之下、感天动地以及不求结果。这些表白形式没有一个是完美的，而拿捏好准头，做好自己的表白选择，是需要你自己，也只有你自己可以深入思考的事情。关于表白，我们这节只是开个头，下节会更加偏向于技术与实操层面——到底应该怎样搭建一个成功率高的表白场景？成功的表白具有哪些需要提前做好的准备工作？

表白技术：
避免功亏一篑的注意事项

表白这件事因人而异。对方喜欢的，你不一定擅长；你愿意采取的，又不一定能切中要害。万变不离其宗，表白总有一些方法可用。

本节我会讲两个切实有效的表白方法。第一个叫排除法，第二个叫构筑法。

排除法，就是有几种表白形式，看起来很酷炫，可我郑重地建议你：绕道走，千万别用！

很多奇葩电视剧和中二网文，总有一些既奇怪又唐突的表白形式。可能在文学化的场景中，这样表白效果不错，但人生不比歌谣，真用在日常生活中，基本不可能有积极作用。

除此之外，还有一种作秀式表白，在朋友圈非常高发。我不否认，有些作秀式表白，既有真挚的感情基础，也起到了非常好的效果。但我充满善意地提醒你：看看得了，请勿轻易模仿。为了避免表白时折戟沉沙，我建议你就不要考虑以下几种形式了：

第一种形式，就是讲排场的表白。我上大学的时候，特流行排场式表白。男生向一个女生表白，恨不得让整个女生住宿区都知道。典型场景是：跑到女生寝室楼下，蜡烛摆成心形，拿把吉他就开唱。有时候，女生一惊喜，哭得梨花带雨地跑下楼——"我同意！"但更多的时候，女生兜头一盆洗脚水就泼下来了。

北京有个地方，叫世贸天街。你在这条街上逛，脑袋顶上都是一面超大号的屏幕！这面超大屏可以分时租赁，所以动不动就被租来表白和求婚。

我不推荐讲排场的表白。排场这东西，很多时候给对方带来很负面的感受，比如压迫感，比如害羞感。如果你和对方的情感基础相当牢固了，排场越大，当然意味着你心越诚，对这事越重视。如果对方没那么喜欢你，你这么搞，人家就很尴尬了。于是在对方眼里，你就成了烂桃花。

如果对方打心眼儿里喜欢你，你搞搞排场，对方当然觉得白马王子带着一帮随从来接我了！如果对方不拿你当盘菜，还弄那么大排场，又会怎么想呢？恐怕会觉得你这压根儿不是表白,而是绑架。我要是不答应,就成了里外不是人。

第二种形式,就是马拉松式告白。软磨硬泡,死缠烂打。你不同意?我就不闭嘴!这种表白,约等于背诵一篇题目是《我对你的爱》的10万字作文。如果要表白,我们必须学会站在接收方的角度,换位思考。穿上他的鞋,想一想对方如果面对这种表白,大概会做何反应。

假设有个人跟你表白,可他不好好说话,软磨硬泡尬聊了一小时四十分钟他有多爱你,他都怎么爱你了,他付出了多少,他以后怎么肯定对你好,你什么感觉?即便最后你同意了,我想也不是因为被他感动,而是唠唠叨叨的实在很烦,对不对?

你可千万别以为:表白时间长,就意味着长情。恰恰相反,把对方逼烦了,反而会给关系打上负面烙印。

软磨硬泡不好使,它的绝对反面也有问题。

第三种形式,生硬与直接地让对方给句话。

讲排场的表白像绑架,马拉松式表白像诈骗,这种表白呢,像抢劫。不知道从什么时候开始,很多男生认为,"壁咚"表白,效果棒棒哒。比如我认识的一个大哥,他表白姑娘的方式就非常简单粗暴:找个机会把姑娘逼到墙角,然后一壁咚，大哥就开口了："你就说一句话，咱俩这对象是处还是不处？"大哥，您是来表白的，还是来打架的？

第四种形式，拿钱砸的表白。表白不谈情，而是买包包。要是你家有矿，还能给送个豪车。现在很多男生以为，女神不理我，就是因为钱砸得不够多。咱们换个角度想一想：如果你的爱情是钱砸下来的，想维持它，最重要的资源是钱还是爱呢？

拿钱砸下来的爱，它的基因里就带着物质属性。靠情感培养起来的爱，情感元素是它最核心的原动力。

有的同学可能会反驳我：我兄弟、同学、闺密——人家就这么表白的，人家也成功了！

那很好啊，如果这样表白成功了，想必他们的感情基础非常牢固。但我依然坚持我的观点：你怎么知道，现在表白的这个对象，就是这辈子最终的真爱？万一你们哪天分手了，遇到了一个特别优秀的人，你们也真的很合适，可就因为你选择了错误的表白方式，功亏一篑，你说亏不亏？

表白这个东西很奇怪，你在上面放的花花肠子越多，成功的可能性反而越低。你要是给它强加太多外在的东西，效果反而会打折扣。

所以，接下来我们要谈的，就是构筑简约而不简单的表白，由三个部分组成。它们分别是：关系基础、良好体验、未来愿景。好表白的公式，就是这三个要素的相加。

如果你们缺乏关系基础，对方根本不拿你当自己人，表白无从谈起。良好体验同样重要。你看别人求婚，先布置一特殊场地，再单膝跪地，好多朋友来当托儿，最后拿出来好几克拉的大钻戒，情真意切地说："嫁给我，好吗？"姑娘一感动，也就同意了。体验良好呀！

可壁咚的体验很差，强吻的体验很差，寝室楼底下弹吉他的体验也很差。这些表白，体验良好的往往是表白的发出方，而非接收方，说难听点，"自嗨"的表白，怎么可能成功？

至于未来愿景，就是上节谈到的"对于未来关系发展的共识"，在此不赘述。

如果你要去表白，就要从根儿上把三个要素搞明白。你跟对方关系基础如何，良好体验怎样，未来愿景强不强？

有关系基础，有良好体验，没未来愿景，你们就是一辈子的哥们儿；有良好体验，有未来愿景，没关系基础，这叫有缘无分；有关系基础，有未来愿景，没有良好体验，那就是表白失败了。

为了让你构筑优质的表白，我最后要讲讲三个注意事项。

第一个建议，表白是两个人的事，人多添乱。 婆媳关系之所以难处，就因为除了是两个女人之间的事，实际上还牵扯着一个既当老公又当儿子的男人。同样，表白时，你要打造和对方直接与单纯的关系，不要聊对方的前任、自己的前任、当下的情敌，或者别的什么乱七八糟的。只有你和她，其他人都不能，也不该构成额外的决策因素。

第二个建议，表白前复习一下本书前面所谈到的关系纵深理论。 它不仅能帮助你跟对方从路人到朋友，还能帮助你寻找到表白的节点。

第三个建议，更多的是个提醒：表白是重要的关系节点。 不管你跟这个人现在是什么关系，只要表白了，这段关系一定会发生质变。比如你们现在是朋友，表白之后，如果没成功，那你们不可能还是以前那种朋友。表白是关系的催化剂，所以，决定表白前，你真的要思量思量它的潜在风险。可能并不仅仅是对方没同意，更可能因为操作失误，导致关系崩盘。

总之，关于表白，你需要知道的就是这么多：

一个是排除法：排场大的表白、马拉松式告白、生硬的表白、拿钱砸的表白，都是不可取的。还有一个是构建法，表白需要三个要素，缺一不可：关系基础、良好体验、未来愿景。此外，还有要注意的三点：表白是两个人的事，需要考量关系纵深发展理论，必然会带来关系的质变。

走出舒适区：
是时候开始一段长期稳定的亲密关系了

这本书从打开到现在，我们谈了颜值、性格、相亲、逼婚、吃醋等等跟爱情相关的话题。这回，我们聊另一个很关键，但是很多人压根儿就没想到的关键要素：你的情感舒适区。我会先帮你理解什么是舒适区，为什么会有舒适区，以及该怎么从舒适区中走出来，完成脱单的关键一步。

请允许我先问你一个问题：你觉得自己是那种能接受闪婚的人吗？你觉得闪婚靠谱吗？按照咱们的惯例，我还是先讲个故事。

我有个表妹就是闪婚。这姑娘本就是背包一族，不是那种文艺范儿的，而是那种有点野性美的，兴致一来，拎着双肩包和单反就出门了。自打她 18 岁以后，我就没见过她有穿裙子的时候，啥时候都是利索的短打装扮。我觉得，如果把我跟她同时扔到哪个需要绝地求生的严酷环境里,甭看我是个大老爷们儿,说实话,我觉得她生还的概率要比我大多了。人家跟我这种常年坐办公室的人比起来,肤色更健康,精力也更充沛。我跟我这表妹打交道不多,毕竟实在没什么相似性。我只知道,她最近几年都是频繁换工作,每年拿了年终奖就辞职,赶着过年前后旅游的淡季,趁有钱有时间,穿上冲锋衣就去欧洲。

羊年末,猴年初,大年二十九晚上,她从欧洲给父母打了个电话,说这次旅行结识了一个特靠谱的旅伴,准备回国就结婚。这时候,他们认识刚刚15天,双方父母对那个即将成为自己家庭新成员的人,连名字是什么都不知道。表妹的爹妈被这个"闪婚"打了个措手不及,有点不解,有点疑惑,有点担忧,就跑过来找我。我劝他们:"旅伴和伴侣,听着也差不多嘛!"旁边坐着的我妈听到了,狠狠地瞪了我一眼。已经过去两三年了,人家两口子照样情比金坚,照样选每年过年的时候,能走多远就走多远。

以前,人们总觉得这样的闪婚太草率,对闪婚颇有微词。到了今天,闪婚的讨论早就掀不起什么波澜了,人们没意识到,"闪婚"的对立面却是今天的年轻人面临的大问题。闪婚是快速高效地建立一段亲密关系，但今天的很多人特别抵触甚至恐惧跟别人建立起这种关系——一个人单着习惯了，突然要走进两个人的生活，没法说适应就适应。

有的人是自身条件优秀，但就是走不进长期关系；有的人是单身太久，在亲密关系中水土不服；还有的人带点害羞和自责，觉得自己没法给对方提供最好的，于是决定提前退场。然后呢？然后就是跟爱情甚至姻缘失之交臂，要么没心没肺地继续单着，要么悔得肠子都青了，也照样没招。

我觉得，以上说的种种现象其实都是表象，没法建立长期亲密关系的本质，其实就是你不舍得走出自己的情感舒适区。

我们先看看，什么是舒适区。舒适区是一种人际环境和心理状态，当你身处其中时，总是会感觉舒服一点——它可能是肥宅快乐水，它可能是轻松爆笑的网综节目，它可能是一个你特擅长的小众游戏。哪怕你有再大的压力、再棘手的问题，它都是一个能让你躲藏于其中的安全屋。对不少人而言，它甚至有点类似于惰性——因为你总不愿意放弃身处其中的轻松，而沉湎于此。身处舒适区中，你会得到一种安全感。这种安全感解释了你为什么在备考的时候刷剧，在项目节点的时候暴食，在长期亲密关系前望而却步。

很多人都觉得自己有拖延症，说穿了，这根本就不是个病，更多的是一个文化定义。啥叫拖延症？从表象上看，明明知道只要狠下心来专注搞他两个小时，就可以解决久久压在你心上的大石头，你依然玩玩电脑、玩玩手机、看看视频，甚至洗了个澡，直到 deadline（截止期限）已经贴到脸前，才去做那件你迟早要做的工作。说得直白点，既然有压力，就先打会儿游戏压压惊。同样，觉得面对长期稳定的双人关系有压力，那就靠自己一个人过日子压压惊。

注意，我在这里并没有使用饮鸩止渴这样的词。因为我觉得，如果你拿独处当舒适区，肯定有自己的道理，我没资格评价你。或许是因为上一段感情受过伤，或者是因为对长期亲密关系的反感与不信任，或许是很理智地发现你负担不起两个人的生活。总之，我相信你一定有自己的原因，这没什么丢人的，更不该被批判。

我还是想谈谈我的看法——我们面对情感舒适区，能做点什么？

首先，你要明白，舒适区的存在必然有其道理。 皮裤套棉裤，必定有缘故。舒适区其实能帮助人们规避更多的潜在风险。你更要明白，恰恰因为舒适区与我们的本能有关，我们才更要严肃认真地分析它，再提升我们自己。有的人跳出舒适区，还处理得不错，自我更新了，世界广阔了，也找到了真爱。就像我一个之前在体制内工作的朋友，原本舒舒服服地生活着，一狠心辞职创业，打拼了几年后，现在给自己找到了一个质量更加上乘的舒适区。

可我们不能光看贼吃肉，不看贼挨打。辞职创业成功的人多，还是辞职创业失败的人多？人一旦脱离了舒适圈，从表现到心情，都有可能暴跌一半。如果你的舒适区是在自己擅长的领域做着自己擅长的事情，那离开也许并不明智。我不想给你猛灌"跳出舒适区，去找到更好的自己"这种陈年鸡汤，我知道你有舒适区肯定是有苦衷，我希望你能做的，是别被舒适区蒙蔽，可以好好分析一下自己的客观情况，然后做出理智的决定。

其次，如果你真的要跳出舒适区，第一个要做的不是跳，而是要知道跳到哪儿。 马修·埃蒙斯，这名字你八成没印象吧？他是一位奥运会射击选手，世界冠军级的，他最大的问题不是射不准靶心，而是射不准自己的靶心。雅典奥运会和北京奥运会，连着两届奥运会，这哥们儿都在比赛里把子弹打到别人的靶心上了，2008年甚至跟冠军失之交臂。这说明什么？这说明能力突出，准头不够，照样得不到好结果。

2004年在雅典，他打到别人靶上那一枪，取得了10.6环的好成绩，所以他心情非常糟糕地走下了赛场。晚上，他去喝闷酒，一位金发女郎过来安慰了他一句："其实这没什么。"这个叫卡特琳娜的小姐姐，同是奥运会射击比赛的参赛选手。这杯酒喝完没过几天，她就成了马修的女友，如今人家孩子都生了。

如果你要跳出情感的舒适区，一定不要学马修打靶，射偏了地方，但一定要学马修搞对象，娶对了人。很多人不敢跳出舒适区，是因为舒适区外的可能性太多。比如，你的舒适区是玩"吃鸡"，今天如果你要跳出舒适区，你只知道这意味着"不玩'吃鸡'了"，但跳出这件事并不能直接指导你该去做什么。没错，你是不"吃鸡"了，但你是去玩《王者荣耀》呢？还是看论文呢？还是跟女孩子表白呢？

把你跳出舒适区的行为具体、细化，找到自己的方向，是用劲儿往外跳的重要前置工作。而谈到把目标具体化，最直接好用的方法，就是把目标做"视觉化"处理，让目标看得见摸得着。

比如，女孩子对自己的婚礼预期，往往就能做到非常视觉化的处理——什么婚纱、什么舞台、什么灯光都想得很具体。已经有很多研究证明，把目标视觉化，可以提升人对目标的投入度和自我认同度。

同理，你也要对舒适区外的生活目标，做视觉化处理——如果你们住在一起了，会是什么样的生活？你们有没有养一条狗狗？你们有没有把衣服晾在阳台？你们有没有一起蜷缩在沙发里看一部特别无聊的爱情片？如果你不做任何视觉化，对未来的无知感就会拖住你的脚步。人为什么怕黑？不是因为黑本身可怕，而是因为人害怕不知道黑暗里有什么东西。如果你想跳出舒适区，除了想明白跳不跳之外，还要选择好舒适区外的发展目标，并做好目标的视觉化工作。

最后，如果你没法"说服"自己走出舒适区，你可能需要提升的是另一种跟自己交流的技能：反驳自己。 很多人想走出情感上的舒适区，但是苦于一种"没错，但是……"的假设。"你想不想要一段长期稳定的亲密关系？""没错，我想要，但是……"这个"但是"后面，可能跟上许多后缀，比如没钱没房没车，比如还没有做好准备，比如觉得自己配不上对方，等等。与其逼着自己说服自己，不如学会反驳自己的种种顾虑。这种反驳也是有方法论的，它由三个步骤组成——搜集证据、做出选择、化解灾难。这三步合起来，就是针对舒适区惰性的"反攻计划"。

我来详细介绍"反攻计划",因为这真的挺有用的。

比如你现在跟对方处得不错,只要表白成功,就可以确立正式的恋人关系了。你想跟对方好好发展,但还是有个顾虑——在北京这样的大城市,我混了这些年,虽然手头攒了点钱,但远远不够付首付的标准,怎么办?

第一,搜集证据:过去的这几年,我从技术水平到职场发展,整体上还是稳中有升的,虽然不至于一夜暴富吧,但是只要继续这么发展下去,情况总体上是乐观的。而且现在我所处的这家公司也还说得过去,虽然不是国内龙头级别的,但好歹也有点核心竞争力,况且行业整体发展走势也不错。

总体上看,这钱肯定是越攒越多,不是越攒越少的。况且我这人虽然钱不多,但北京城里钱多的人有几个像我这样年轻的?我现在想表白的这位,应该不是那种喜欢找比自己大十几岁,然后让自己少奋斗 20 年的女孩呀,等等,类似的证据,都可以帮助你来反驳之前的舒适区认知。

第二,做出选择:表白吧,可能会成功,也可能失败。如果成功,要让对方知道,恐怕还是得一起奋斗个几年,但是在奋斗中,也能培养真感情,而且我这人靠谱,肯定不做对不住人家姑娘的事。如果失败呢,其实也还好,毕竟还有沉没成本，总这么押着也不是个事，对人家对我其实都不好。

如果不表白，再观望观望，也是两个结果，一个是感情放着放着就凉透了，一个是人家姑娘绷不住，跑过来找我摊牌，那我该怎么应对呢？通过以上这些设问，来寻找决策的方向——别太悲观，也别瞎乐观。

第三，化解灾难，这是个重点。很多时候，人们在跳出舒适区的时候，会有一种"万一"思维。万一她没答应我，跟我连朋友都当不成了呢？万一她答应了我，但要求我两年之内必须把房子首付攒够呢？这些都是灾难性假设，它会让你更加不敢跳出舒适区。

这时候我们就需要给自己提前打好预防针，如果灾难真的发生了，该怎么办？要知道，大多数情况下，事情并没有按照最坏的情况发展，但是担忧最坏的情况，往往会让人丧失尝试的勇气。

这时候一定要制定一个应对这种悲观设想的认知演练，比如："她如果给我两年时间攒首付，那我得算算现在这个收入，两年能存多少钱。这点钱加上我原来攒的，其实在六环外倒是也能付个首付，如果我找家里老人拿点，可能还会往城里挪一挪。这房子迟早都要买，我妈倒是应该能给我支持点，毕竟买也是写我的名字，哪怕这个女朋友吹了，真结婚的时候不还是要买房吗？况且，我现在喜欢的这个姑娘那么善良，就算要求我这两年付首付，我觉得八成也是用这种方法鞭策我努力工作好好发展，顺便看看我人靠谱不靠谱，一定不是真的狠心说非要有房子才嫁，那我这两年好好表现，也许她就改变认识了呢？"以上这三步，就是反驳自己的三步法。

总之，人人都有情感舒适区，靠着它，得到一种非理性的安全感，却也错失了不少好姻缘。如果想跳出舒适区，需要认识到三点：第一，跳出舒适区不一定适合每个人，有可能得到收益，也有可能遭遇风险；第二，光离开舒适区是不够的，还要设立跳出后的目标，这样才能有的放矢；第三，想跳出舒适区，必须要学会"反驳自我"，它有三个步骤——搜集证据、做出选择、化解灾难。

Chapter 4　胜利的凯歌：表白注意事项　　203

写在最后

四章内容告一段落。这些内容中,我们谈了很多跟爱情相关的话题,这里,我再讲最后一件发生在我和我妻子之间的事。

在我刚和我的妻子谈恋爱的时候,她的职位比我高,她的收入是我的两倍,她的长相比我强得多,她的母校比我的母校更知名,甚至从广泛意义上而言,她还是一个比我更招人喜欢的人。其中的很多优势,一直持续到今天。

其实当年,我没怎么追求她,她也没怎么特热情地回应我,看上去像追求的互动。大家就是莫名其妙地走到了一起,走到了今天。

在恋爱初期,我很惶恐,惶恐的同时,又不敢在这段恋情上用力过度,怕把火候弄得过犹不及。我小心翼翼地问我的妻子,为什么要和我谈恋爱。

"因为和你相处的时候,我很快乐。"

一直到今天,这句话依然是成立的。在我们俩结婚的那天，我们相对而立，侧面站着神父。我们左手各拿着戒指，右手相握，准备迎来宣誓的环节。

还没等说话，妻子已经泪眼婆娑了。然后我就眼看着她把自己的新娘妆哭花，与此同时，我俩的手却都不能空出来，擦拭这些泪水。

在神父念祷文的过程中，我的妻子虽然算不上泪崩，说涕泪横流一点也不为过。

在她的对面，正在酝酿情绪、刚刚有点调动起来泪腺的我，注意力全集中在了她的脸上。我看着一行眼泪在唇角和涕液融合，越滚越大，最终"啪嗒"一声落在了她洁白的婚纱上。

那声音很小，但我分明听到了。而且，就在你的面前，那一包不容忽视的水团，像核弹一样砸在了婚纱上，对我而言，实在装不出来视而不见。

我觉得这件事太有趣，于是在这样的场合下，我非但没有哭，刚刚酝酿出来的流泪意愿瞬间荡然无存。我露出了惊讶而戏谑的表情，强憋着笑声，满脸笑容，乐得身体都有些抖动。

这让神父始料未及，他狐疑地看了我一眼。而站在我妻子后面的娘家人更是一头雾水，他们听到的只有我妻子的啜泣声，冷不丁看见女婿突然开始面露笑容，又不知道到底发生了什么。

妻子立刻会意了我为什么会笑，瞪了我一眼，破涕为笑。

我很珍惜类似这样的，在亲密关系中的美好瞬间，就算不好分辨其中具体的情绪感受，这起码是一件很有趣的事情。当我们老了，提起这件事的时候，我俩肯定都还会记得。爱情这件事本身就被赋予了积极的情感基调，而正面的感受，应当是纵贯亲密关系的真正主线。

可惜，在中国，很多人眼里的爱情从开始到结束，都有必要被加以一种悲剧式的解读。

比如追求。大一的时候，同学们刚刚挣脱高中的束缚，对很多人来说，谈恋爱成了一件箭在弦上不得不发的事情。面对一个男生的追求，我们班的一个女生提出了"给我写满一百封情书我就答应你"的要求。而这个男生，真的就立刻着手办了这件事情。一百封情书写罢，有情人终成眷属的故事倒是没有持续多久。

很多情况下，我们在追求他人的时候，过分强调"感动"他人，而忽视了真正能促进两个人在一起的，恰恰是两个人在一起的时候都感到舒服。让人家跟你在一起的前提，是人家和你共处的时候不难受，而不是一直提醒人家"我为了你如何如何；我给了你什么什么；因为要跟你在一起，我牺牲了多少多少"。我们要的是恋人，不是普罗米修斯，你做了这么多，谢谢你，但恐怕我不能和你在一起。

比如相处。很多恋人，相处时间一长，不知怎的就变成了仇人。很多话与很多事情，我们明明知道会伤害我们深爱的对方，但有的时候就是说得出口、下得去手。或者有些毛病，我们明明知道对方并不喜欢，而自己加以改变的成本也不算太大，却迟迟不愿意去改变。

比如分别。当有一天，与昔日恋人，就算不再相濡以沫，也往往做不到相忘于江湖。好的时候如胶似漆，分的时候恨不得把对方挫骨扬灰。

真正面对亲密关系的方法和态度，我想应该是"努力与友善"（Try Hard & Be Nice）。亲密关系不管多么复杂，终归是一种人与人相处的关系。

这个道理很多人都懂。

好好办事，好好说话，尽己所能地来提升改善自己的亲密关系。

然而，在怎么办好事、说好话、更正确地尽己所能方面，人们都在想当然地做着自认为正确的尝试。为这些尝试所提供的参考，起码在心理学方面是很欠缺的。

当我们用心理学的视角聊到亲密关系，我们到底在聊什么？

我们不说爱情的伟大，也不说爱情在美学与哲学层面的分析。我们只是用心理学的研究方法，对这种特殊的人际关系加以分析，通过调查和实验，总结在生活中能够行之有效的指导意见。

通过心理学，我们知道了，那些婚姻满意度高的恋人，到底做了什么具体的努力。

通过心理学，我们知道了，那些在童年没有形成良好依恋类型的人，在亲密关系中将面对怎样的挑战。

通过心理学，我们知道了，所谓的一见钟情，到底是不是丘比特胡乱地一扯弓弦。

通过心理学，我们知道了，当我们说爱上一个人的时候，我们到底是爱上了对方的什么。

我们都知道，该以更好的状态投入爱情，而其本质，是在科学上，拥有对亲密关系加以控制的觉知和能力。

在一次演讲上，说到大学生们选专业和做学问，胡适引用了章学诚的话："性之所近，力之所能。"

寻找人生伴侣又何尝不是呢？

只是，作为亲密关系的参与者，你可能并不知道自己性之所近在何处，力之所能在哪端。

希望我的书，在一定程度上，帮到了你。

再见。